RYUHO OKAWA

Convite à felicidade

*7 inspirações
do seu anjo interior*

1ª reimpressão

IRH Press do Brasil

Copyright © 2015 Ryuho Okawa
Título do original em inglês: *Invitation to happiness – 7 inspirations from your inner angel*

Tradução para o português: Happy Science do Brasil
Coordenação editorial: Wally Constantino
Revisão: Francisco José M. Couto e Laura Vecchioli
Designer: Karla Baker
Diagramação: Priscylla Cabral
Capa: Maurício Geurgas
Imagem de capa: Shutterstock
Imagens do miolo: © Jan Engel/Fotolia

IRH Press do Brasil Editora Limitada
Rua Domingos de Morais, 1154, 1º andar, sala 101
Vila Mariana, São Paulo – SP – Brasil, CEP 04010-100

Nenhuma parte desta publicação poderá ser reproduzida, copiada, armazenada em sistema digital ou transferida por qualquer meio, eletrônico, mecânico, fotocópia, gravação ou quaisquer outros, sem que haja permissão por escrito emitida pela Happy Science – Ciência da Felicidade do Brasil.

Este livro tem por objetivo ajudar o leitor a encontrar bem-estar emocional e espiritual, mas não deve substituir orientação médica. O leitor deve consultar um médico regularmente em questões ligadas à saúde e sobretudo em relação a qualquer sintoma que exija cuidados ou diagnósticos médicos. O autor e o editor não assumem nenhuma responsabilidade por qualquer ação que o leitor pratique com base nas informações contidas neste livro.

O material desta obra foi selecionado, editado e compilado de diversas palestras e livros de Ryuho Okawa. As seções de atividades, exercícios e orientações foram desenvolvidas com base no trabalho original de Ryuho Okawa.

ISBN: 978-85-64658-23-3

1ª reimpressão 2016

Sumário

UM CONVITE DO SEU ANJO INTERIOR ✶ 7

O anjo em seu interior: sua alma e seu guia • 8
Receber ajuda do nosso anjo • 10
A fonte de suas inspirações • 14

1 Uma mente calma ✶ 17
O COMEÇO PERFEITO

Mente em harmonia: o caminho da libertação espiritual • 18
Crie seu santuário • 21
Corpo relaxado, mente relaxada • 22
Silencie o "falatório" dentro da mente • 26
Sinta a luz. Receba inspirações. • 31

2 Seu eu verdadeiro ✶ 33
DESPERTE PARA SUA NATUREZA DIVINA

Seu raro e precioso eu • 34
O verdadeiro eu *versus* o falso eu • 37
Orgulhe-se dos seus pontos fortes • 41
Você é único • 46
Faça uma reflexão sobre seu crescimento • 50

3 Dificuldades e fracassos ✶ 55
AS FERRAMENTAS PARA O CRESCIMENTO ESPIRITUAL

Acalme-se diante da adversidade • 56
Fracasso: o trampolim para o sucesso • 60
Dificuldades: nossa missão disfarçada • 66

4 Gratidão ✶ 73
A PORTA PARA A FELICIDADE

Descubra suas bênçãos • 74
Um balanço do amor • 78
Dar amor pode mudar sua vida • 83
Viva uma vida de bondade • 88
Coloque seu amor em ação • 91

5 Perdão ✱ 97
CULTIVE A COMPAIXÃO DENTRO DE SI

Aceite a imperfeição • 98
A coragem de perdoar a si mesmo • 101
O poder espiritual do perdão • 104
Compreensão: a chave do perdão • 107
Seja feliz agora • 112

6 Uma vida alegre ✱ 115
CERQUE-SE DE COISAS POSITIVAS

Um coração repleto de luz • 116
Crie momentos de alegria • 118
Conceda a dádiva de um sorriso • 123
Pense positivo • 127
Use palavras positivas • 132
Reflita sua felicidade nos outros • 135
Acreditar: o primeiro passo para um amanhã melhor • 138
Amplie as fronteiras da sua vida • 140

7 Sonhos e metas ✱ 141
AS CHAVES PARA AUMENTAR SEU POTENCIAL

Visualize e, então, realize seu eu ideal • 142
Defina metas. Faça planos. Crie o projeto da sua vida. • 145
Uma meta, incontáveis maneiras de alcançá-la • 151
Torne seus sonhos realidade • 156

Escreva uma oração para seu anjo interior ✱ 159

REFERÊNCIAS • 168
SOBRE O AUTOR • 169
SOBRE A HAPPY SCIENCE • 170
CONTATOS • 172
OUTROS LIVROS DE RYUHO OKAWA • 175

Lista de exercícios

Lembranças da ajuda do seu anjo • 12
Agradeça ao seu anjo interior • 15

♪ **Exercício de concentração na respiração • 24**
Liberte sua mente das preocupações • 27

♪ **Visualize seu verdadeiro eu • 36**
Seus dois lados • 39
Descubra seus pontos fortes • 43
Encontre seus talentos únicos • 48
O quanto você cresceu? • 52

♪ **Torne-se uno com a vontade do universo • 58**
Aprenda com as dificuldades e os fracassos • 63
Compreenda suas circunstâncias • 68
♪ **Sua missão na vida. Seu propósito. • 71**
Uma promessa espiritual para si mesmo • 72

Prática da gratidão • 76
Calcule a quantidade de amor • 81
Amor e compaixão. É dando que se recebe. • 86
Exercite a bondade • 89
O amor em ação • 92

Descubra seus 70% • 100
Perdoe a si mesmo • 102
Defina a data em que irá parar de sofrer • 106
♪ **Harmonia nos relacionamentos • 109**
Transforme o conflito em compaixão • 111
Seu direito e responsabilidade de ser feliz • 113

♪ **Visualize um riacho que flui • 117**
♪ **Prazeres simples • 119**
Descubra uma coisa boa a cada dia • 120
O poder do sorriso • 125
Substitua os pensamentos negativos por alegria • 129
Compartilhe as coisas boas • 133

♪ **Visualize seu sonho • 147**
Projete sua vida • 148
Crie um plano de vida • 153
Uma oração para os sonhos • 160

Um convite do seu anjo interior

Este livro é um convite pessoal, dirigido a você, para realizar uma jornada espiritual guiada pelo seu anjo. Cada um de nós possui um anjo em seu interior, e é ele quem nos conduz para a felicidade espiritual. O propósito deste livro é ajudá-lo a encontrar a felicidade por meio da conexão com essa voz, espírito, alma ou eu superior que existe dentro de você. Aqui há orientações sobre a meditação contemplativa e espaços em branco para você anotar as inspirações recebidas e suas descobertas sobre os sete temas deste livro. Para iniciar sua jornada rumo a um grau superior de felicidade, você só precisa aceitar o convite que vem do seu coração e começar a absorver a luz contida em cada uma destas páginas.

O ANJO EM SEU INTERIOR: SUA ALMA E SEU GUIA

Todos nós experimentamos alguns raros momentos na vida quando a resposta ou ideia de que precisamos surge "do nada", exatamente na hora certa. Pode ser uma inspiração sobre o melhor caminho a seguir ou uma ideia de como desenvolver um novo negócio. Às vezes, a solução aparece quando estamos com dificuldade para tomar uma decisão e temos dúvidas em relação às nossas escolhas. Então, uma voz ou algumas palavras vêm até nós emergindo do nosso interior ou surgem na nossa frente como se caíssem do céu – e podem vir até por meio das pessoas que menos esperávamos. São esses os momentos em que intuitivamente sabemos: "É isso". Cada vez que isso acontece, temos uma prova de que nunca estamos realmente sozinhos. Há um ser espiritual que ajuda cada um de nós, nos orienta e permanece ao nosso lado pela vida inteira.

Essa entidade espiritual é o anjo que vive no seu interior, ou espírito guardião. Seu anjo guardião não é um ser totalmente separado de você; na realidade, é uma das partes do seu espírito.

Você também pode chamar essa entidade espiritual de seu *subconsciente*. Na verdade, a consciência do seu eu que vive neste mundo físico não abrange toda a extensão do seu espírito, mas apenas parte dele. O restante continua no outro mundo, como subconsciente. Da mesma forma que uma flor é composta por várias pétalas, seu espírito é composto de seis energias individuais. Você, como uma pessoa vivendo agora na Terra, é uma das pétalas dessa flor. O anjo em seu interior, que o guia e o protege, a partir do mundo celestial, é como se fosse outra pétala da flor que compõe o seu espírito. Seu espírito é muito maior do que a energia que reside no seu corpo físico: essa é a sua infinita fonte de poder e está conectada a uma energia imensa, dotada de grande sabedoria.

Não importa o quanto uma pessoa possa se sentir sozinha: seu anjo está sempre se esforçando para lhe dar apoio, ajuda e coragem, a partir do mundo celestial. Quando enfrentamos dificuldades e sofrimentos, eles estão ali nos dando inspiração, orientação e proteção. Quando nos vemos diante de uma encruzilhada na vida, nosso anjo interior nos guia para tomarmos o caminho certo. Mesmo que não tenhamos consciência disso, estamos continuamente sendo envolvidos, nutridos e sustentados por essa magnífica força de amor.

RECEBER AJUDA DO NOSSO ANJO

Todos nós enfrentamos problemas e situações difíceis na vida, e esses sofrimentos fazem com que algumas pessoas se perguntem se de fato os anjos estão sempre nos protegendo e guiando, e até duvidem de sua existência.

A vida neste mundo constitui uma oportunidade concedida para a alma se desenvolver, e cada um de nós tem a responsabilidade de aprender com as próprias experiências. É por isso que os espíritos celestiais não têm permissão para assumir o controle total da nossa vida e vivê-la por nós, como se fôssemos apenas marionetes. Temos de conduzir nossa própria vida, mas nossos anjos também fazem tudo o que podem para influenciar as coisas a nosso favor. O anjo guardião ajuda enviando inspiração nos momentos em que precisam ocorrer importantes transformações em nossa vida.

Vamos supor que de repente abra uma vaga para o cargo de gerência no seu trabalho, e que você e outra pessoa estão qualificadas e competindo para consegui-la. Ambos os anjos guardiões irão fazer tudo o que puderem para ajudá-los a conseguir o cargo. Por exemplo, irão enviar inspiração a fim de convencer o diretor de Recursos Humanos de que a pessoa que eles estão guiando é a mais adequada para essa posição.

Quando você se apaixona por alguém e pensa que ela é a pessoa ideal para se casar, seu anjo guardião trabalha intensamente para atraí-la, tentando fazer com que fiquem juntos.

Seu anjo interior o guia e o protege durante toda a vida. Quando você se conscientizar disso, terá melhor compreensão do auxílio que recebe do mundo celestial. Seu anjo pode protegê-lo usando alguém para bloquear seu caminho e impedir que tome uma direção errada na vida, pressionando-o para que siga pelo correto caminho. A coisa mais importante é sempre acreditar. Acredite que seu anjo irá guiá-lo pelo correto caminho e abrir uma trilha para que você prossiga.

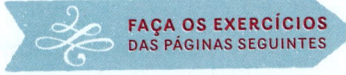

FAÇA OS EXERCÍCIOS
DAS PÁGINAS SEGUINTES

Lembranças da ajuda do seu anjo

Que tipo de lembranças, inspirações, ideias ou pensamentos importantes você recebeu ou tem recebido de sua fonte interior e aceitou como sendo sábias e espirituais?

....
....
....
....
....
....
....

Reveja os momentos decisivos da sua vida. Em quais situações cruciais você sentiu que estava sendo orientado? Faça uma lista desses momentos.

* ....
* ....
* ....
* ....
* ....
* ....

Ao encontrar dificuldades ou se sentir indeciso, como você tem sido guiado para tomar as decisões corretas? Descreva um momento que considera especial.

A FONTE DE SUAS INSPIRAÇÕES

Os espíritos guardiões não são oniscientes nem onipotentes, e o conhecimento deles não difere muito do nosso. Mas eles possuem uma perspectiva mais elevada do que a parte que se encontra na Terra, e são a fonte de nossa intuição e inspiração. Seu anjo com frequência consegue prever o que vai acontecer com você e procura ajudá-lo a avançar na vida. Portanto, o primeiro passo para ter uma vida feliz é ser capaz de se manter aberto à orientação que flui do seu interior.

Seu anjo interior também aprecia os esforços que você faz para abrir o próprio caminho. Se mantiver aspirações elevadas, dedicação, perseverança, desprendimento de si e humildade, você conseguirá fortalecer sua conexão com uma consciência mais elevada. Assim, quando a porta para seu futuro finalmente se abrir, não se esqueça de expressar gratidão ao espírito celestial que o auxiliou. Quanto mais intensa e duradoura for sua gratidão, mais amor e apoio você receberá.

FAÇA O EXERCÍCIO
DA PÁGINA SEGUINTE

Agradeça ao seu anjo interior

Escreva palavras de agradecimento ao seu guia, voz ou anjo interior que tem lhe concedido toda orientação, inspiração e proteção.

Querido anjo que está dentro do meu coração,

1

Uma mente calma
~ O começo perfeito

Para viver com alegria, busque a paz interior. Quando você aprender a viver com um coração estável, calmo, não reativo, sua serenidade irá refletir o mundo, as outras pessoas e - principalmente - irá mostrar seu verdadeiro eu.

MENTE EM HARMONIA:
O CAMINHO DA LIBERTAÇÃO ESPIRITUAL

Viver num corpo físico neste mundo terreno faz as pessoas se esquecerem facilmente de sua essência espiritual e da liberdade original. Porém, ao harmonizar seu coração com as vibrações do mundo celestial, você conseguirá se conectar com seu "eu verdadeiro" mais elevado e se lembrar de como é possuir liberdade de espírito.

Os seres humanos enviam e recebem ondas vibracionais o dia inteiro. Os pensamentos que predominam na nossa mente influenciam intensamente os tipos de energia que recebemos dos outros, e também a energia que enviamos para o mundo. Cada um de nós passa por situações que nos fazem sofrer, sentir raiva e perder a esperança nos outros. As emoções são como ímãs, que atraem ainda mais vibrações do mesmo tipo. Quando mantemos a mente calma, nossas vibrações vão serenando, atraindo de volta para nós o mesmo tipo de energia pacífica, que passam a ser refletidas pelas pessoas à nossa volta.

O primeiro passo para conseguir a "serenidade interior" é praticar o desapego. Se você treinar com frequência se afastar de todos os pensamentos perturbadores, isso vai acalmar seu coração e permitir que entre em sintonia com a vibração dos mundos superiores. Se você se dedicar repetidamente a essa prática de cortar as vibrações deste mundo terreno que o rodeia e olhar para o seu interior, conseguirá obter uma tranquilidade mais profunda, que o levará a entrar em contato com seu eu espiritual mais elevado.

Verdade feliz

Viver neste planeta é como mergulhar em um mar profundo, e seu corpo funciona como uma roupa de mergulho. A jornada é perigosa e difícil. A água é fria, e o fundo do oceano, escuro. Você corre risco de ser arrastado por uma correnteza e de encontrar criaturas marinhas. Precisa de uma roupa de mergulho para se proteger das frias temperaturas da água, e também de pés de pato para nadar, de um tubo de borracha ligado a um tanque de oxigênio para respirar e de uma máscara de mergulho para poder enxergar. Mas, por causa de todo esse equipamento, você poderá se sentir aprisionado e perder a noção de liberdade.

CRIE SEU SANTUÁRIO

O primeiro passo para acalmar a mente é arrumar um local onde você não sofra influência das densas vibrações do mundo terreno. Escolha um espaço tranquilo, privado, onde você não seja interrompido. Evite lugares onde o telefone possa tocar ou outras pessoas possam entrar de repente. Isolando-se num ambiente que não receba influências externas, será mais fácil se proteger das vibrações perturbadoras, das emoções e dos pensamentos de outras pessoas e das questões do cotidiano que agitam sua mente. Crie um espaço onde você possa se sentir tranquilo e relaxado, como se estivesse sentado no alto de uma montanha ou descansando numa praia tranquila.

CORPO RELAXADO, MENTE RELAXADA

Ao se concentrar na respiração lenta e silenciosa, você será capaz de relaxar seu corpo e se livrar das distrações causadas pelas vibrações do mundo terreno, o que facilita entrar em sintonia com um mundo infinito que vai muito além. Quando se acostumar, as técnicas de respiração descritas aqui lhe trarão tranquilidade e uma sensação de satisfação – sinais de que você está no caminho do seu eu espiritual mais elevado. Se fizer disso uma prática regular, poderá inclusive se sentir inundado por um fluxo de luz celestial cálida e feliz.

Concentrar a atenção na respiração e fazê-la de forma suave, profunda e relaxada também nos traz muitos benefícios práticos. À medida que o sangue rico em oxigênio circula pelo corpo e passa pelo cérebro, o ritmo cardíaco e as ondas cerebrais também desaceleram. Ao regular os ritmos físicos acalmamos nossas vibrações no mundo, libertando-nos das preocupações e do estresse da vida diária.

Sua mente e seu corpo estão unidos num só ser. Relaxar o corpo fará com que sua mente também fique relaxada; portanto, procure sentar-se em uma posição bem confortável. Não é necessário adotar uma postura típica de meditação, com as pernas cruzadas ou sentado sobre as pernas. Por ora, o importante é que se sente numa postura agradável e consiga se concentrar por um tempo. Se possível, tente manter a coluna ereta, pois isso irá ajudá-lo a se manter desperto e atento.

Deixe as mãos apoiadas sobre os joelhos e com as palmas voltadas para cima, pois isso ajudará a desligar parte de sua mente e relaxar, como se tivesse se libertado dos problemas deste mundo, proporcionando-lhe uma sensação de conforto onde quer que esteja.

Caso deseje concentrar seus pensamentos em alguma visão ou contemplação específica, deixe as palmas das mãos voltadas para baixo, pois isso colocará sua mente num estado mais ativo e dinâmico.

Quando quiser comunicar-se ou receber orientação do mundo celestial, junte as mãos em posição de oração. As mãos transmitem sinais específicos que chegam até os espíritos, que respondem às mensagens que você enviou.

FAÇA O EXERCÍCIO
DA PÁGINA SEGUINTE

Exercício de concentração na respiração

1. *Em um local tranquilo, que possa ser usado como santuário de paz e contemplação, sente-se numa posição confortável, com as mãos apoiadas sobre os joelhos e as palmas voltadas para cima.*

2. *A respiração deve ser praticada de forma lenta e suave. Inspire lenta e profundamente pelo nariz, focalizando sua atenção no ar que flui preenchendo o peito, e vai descendo até a parte inferior do abdome. Em seguida, concentre-se na expiração, soltando o ar pela boca de forma lenta e silenciosa. Enquanto respira, visualize o sangue com oxigênio fresco circulando por todo o corpo. Assim, as vibrações da sua mente e do seu corpo irão se harmonizando gradativamente.*

3. *Outro método é imaginar que a mente é como uma água com partículas de areia suspensas girando em um copo. À medida que diminui a velocidade, a mente vai se livrando da areia, que vai sendo depositada no fundo do copo; quando parar de girar, a água pura ficará na parte de cima, acima da areia. Imagine que sua mente é assim, repleta de nuvens escuras de pensamentos, que vai se clareando a cada respiração até ficar completamente tranquila e transparente.*

FAÇA O DOWNLOAD DA MÚSICA DE MEDITAÇÃO NO SITE IRHPRESS.COM.BR

Orientação do anjo

Sua condição física tem uma influência enorme em sua saúde espiritual. Por isso, para que você obtenha os melhores resultados em seus exercícios de contemplação, é aconselhável o seguinte:

1. *Quando se sentir exausto, procure descansar e restaurar sua força física.*

2. *Antes de fazer qualquer tipo de contemplação, meditação ou visualização, evite tomar bebidas alcoólicas, pois isso irá garantir que você esteja sob a influência somente de espíritos bons e positivos.*

3. *Eleve sua capacidade de concentração e humor por meio de exercícios regulares.*

SILENCIE O "FALATÓRIO" DENTRO DA MENTE

Em certos momentos da vida, todos nós entramos em conflito com outras pessoas e às vezes nos arrependemos de nossas ações ou palavras. Com a prática da meditação "Mindfulness", na qual mantemos a mente contemplativa e concentrada na respiração, nos tornamos capazes de obter gradualmente controle de nossas reações às coisas que nos perturbam e nos desequilibram, quer elas venham de dentro ou de fora.

A prática regular desses exercícios para acalmar a mente permite serenar as constantes ondas produzidas por pensamentos e emoções que causam estresse. Nossa habilidade em tranquilizar a mente é que determina se essas ondas serão em nossa vida como grandes tempestades nos oceanos ou apenas pequenos círculos formados por pedrinhas atiradas num lago.

FAÇA OS EXERCÍCIOS
DAS PÁGINAS SEGUINTES

Liberte sua mente das preocupações

1. *Sente-se em silêncio, sem se mexer, e comece a rever o seu dia. Relaxe a tensão do seu corpo e deixe que seus pensamentos aflorem.*

2. *Pergunte a si mesmo se houve palavras, expressões ou ações – suas ou de outras pessoas – que perturbaram sua mente hoje. Faça uma lista delas:*

   * ....
   * ....
   * ....
   * ....
   * ....
   * ....
   * ....
   * ....
   * ....
   * ....

3. *Examine sua lista. Qual foi a coisa que mais perturbou sua paz interior hoje?*

   ....
   ....
   ....

4. *Quando nossa mente fica perturbada, há sempre uma causa. Assim que você identificar o que o está fazendo se sentir desconfortável, tente descobrir por que isso o está fazendo sofrer tanto. Será que se originou por causa de algo que você disse ou fez? Qual foi seu grau de participação no que ocorreu, direta ou indiretamente?*

5. *Se você acha que teve alguma responsabilidade pelo que aconteceu, pense no que poderia ter feito para evitar o ocorrido e qual é a lição que esse evento deseja lhe ensinar. Você será capaz de recuperar sua paz mental quando enxergar essas experiências como oportunidades para aprender. Essas poderosas práticas conseguirão acalmar o "falatório dos pensamentos" dentro da sua mente.*

Se você sente que tem dificuldades sobretudo nos relacionamentos com outras pessoas, leia o capítulo 5, Perdão.

Orientação do anjo

Na quietude encontramos a alegria. Quando você tiver dificuldades para conseguir paz mental, faça esta oração em voz alta:

"Estou em paz. Minha mente está num estado tranquilo. Estou avançando serenamente à medida que me esforço para me aprimorar a cada dia".

SINTA A LUZ.
RECEBA INSPIRAÇÕES.

Com frequência sua consciência superficial pode ficar saturada de pensamentos ligados à vida cotidiana; porém, se você refletir sobre suas palavras, ações e pensamentos, conseguirá limpar a mente. Uma mente calma e limpa é essencial para que possa receber inspirações e orientações do anjo que está dentro do seu coração.

Quando estamos alinhados com nosso anjo interior, ficamos intuitivos para tomar decisões corretas e discernir a direção a seguir na vida. Quando enfrentamos aqueles momentos em que precisamos tomar grandes decisões na vida sobre aspectos como a carreira, o amor e os relacionamentos, somos capazes de sentir quando algo é verdadeiro para nós e quando não é. E começamos a receber inspirações sobre as decisões que devemos tomar para trilhar o correto caminho.

À medida que você continuar limpando e concentrando sua mente com regularidade, haverá momentos em que você vai entrar em sintonia com seu anjo interior. Será inundado por uma felicidade que é impossível de descrever com palavras. O apoio diário, a coragem e a sensação de segurança que obterá o farão alcançar um novo nível de felicidade. E a gratidão que você sentirá vai fazer com que você naturalmente queira expressar essa felicidade e compartilhá-la com todos ao seu redor.

A contemplação introspectiva oferece uma preciosa oportunidade de você se conectar com seu verdadeiro eu e experimentar um vislumbre de um mundo espiritual mais elevado. Com essa conexão interior, você será capaz de transformar a luz que recebe em uma fonte de vitalidade e energia, que poderá usar para ter uma vida mais significativa e positiva.

Ao acalmar sua mente e olhar para seu interior, você encontrará o correto caminho e terá maior entusiasmo para viver. Esse entusiasmo pela vida será uma fonte permanente de energia espiritual, que você deverá usar para poder espalhar felicidade para o mundo. Também será capaz de refinar sua mente e recuperar seu eu original, e começar a viver uma vida repleta de luz, esperança e felicidade.

2

Seu eu verdadeiro

Desperte para sua natureza divina

Quando acreditamos de verdade que a natureza divina sempre esteve dentro de nós, nos tornamos fortes e adquirimos a esperança necessária para oferecer nossos talentos ao mundo. A jornada na busca do seu propósito único, fazendo-o florescer de acordo com sua capacidade, irá abrir o caminho para sua felicidade.

SEU RARO
E PRECIOSO
EU

Cada um de nós tem um potencial infinito para trazer os dons de nossa natureza divina a este mundo. Quanto mais descobrirmos esta parte do nosso verdadeiro eu, maior será a capacidade de criarmos felicidade para nós mesmos e para todos ao nosso redor. É importante lembrar que esse eu real sempre esteve aí, disfarçado sob as diversas camadas que o disfarçavam, mantendo-se oculto. Mas você tem o poder de trazê-lo para fora.

O que nos impede de acreditar nesse "eu" precioso como um diamante que existe dentro de cada pessoa? Em geral, são as decepções do passado, que exercem continuamente um peso sobre nós. Mas nada do que tenha ocorrido no passado jamais pode fazer nossa natureza divina desaparecer. Quando começamos a acreditar na natureza divina em nosso interior e passamos a viver como nosso verdadeiro eu, nós brilhamos. Não há limite para o brilho que somos capazes de alcançar. E conforme sentimos que começamos a brilhar, vamos ganhando coragem para seguir adiante. A chave é olhar para o nosso interior e procurar pela nossa natureza divina.

Como um diamante, nosso verdadeiro eu reflete múltiplas facetas divinas: amor, conhecimento, coragem, luz, sabedoria, justiça e compaixão.

O propósito de nossa vida é descobrir, fazer crescer e desenvolver o maior número possível dessas qualidades. Estamos todos nesta jornada espiritual para alcançar o crescimento eterno. Cada um de nós tem algumas facetas mais polidas do que outras, e o objetivo é criar um belo equilíbrio entre as facetas existentes.

A contemplação e a introspecção são excelentes ferramentas para descobrir nossos atributos divinos e estabelecer uma conexão com nosso eu verdadeiro. O objetivo da contemplação não é fazer com que você se critique por causa dos seus erros ou fraquezas, mas que consiga descobrir o "bem" que já existe no seu interior. Quando nos apegamos às decepções, desenvolvemos uma autoimagem negativa ou o hábito de nos culparmos, e isso não nos ajuda em nada. Muitas vezes, isso ocorre quando perdemos a esperança por causa de desafios muito grandes como doenças, desemprego ou uma desilusão amorosa. Portanto, se você começar a achar que não é suficientemente bom ou ficar ansioso por causa do que os outros podem pensar a seu respeito, é importante saber que esses pensamentos e sentimentos são apenas sinais de que precisamos dar um passo atrás e restabelecer a conexão com nosso eu verdadeiro. Quando você sentir que se desanima com facilidade, lembre-se de que sua verdadeira natureza é muito mais forte do que você acredita e que você tem um potencial que vai muito além daquilo que já conseguiu alcançar.

FAÇA O EXERCÍCIO DA PÁGINA SEGUINTE

Visualize seu verdadeiro eu

Os seres humanos sempre tiveram o poder de receber inspirações divinas. Quanto mais formos capazes de deixá-las chegar até nós, mais conectados estaremos com nosso verdadeiro eu e, assim, teremos ainda muito mais para oferecer ao mundo. A visualização e a contemplação são ferramentas simples e práticas, que qualquer um pode usar todos os dias para crescer espiritualmente.

1. *Primeiro, sente-se numa posição bem tranquila, em silêncio, e feche os olhos.*

2. *Visualize seu verdadeiro eu no seu interior, brilhando como um magnífico diamante.*

3. *Veja seu corpo sendo preenchido por uma luz dourada proveniente do mundo celestial.*

4. *Observe a luz tomando conta do seu coração e fazendo a escuridão desaparecer à medida que a luz cresce cada vez mais.*

5. *Sinta o calor emanado por essa luz passando por todo seu corpo.*

Continue essa visualização até que seu coração se sinta mais aquecido, luminoso e renovado, e você consiga ver a si mesmo como uma pessoa maravilhosa, brilhando de bondade.

FAÇA O DOWNLOAD DA MÚSICA DE MEDITAÇÃO NO SITE IRHPRESS.COM.BR

O VERDADEIRO EU
VERSUS O FALSO EU

Quando praticamos a contemplação, os pensamentos e padrões mentais que se opõem à nossa natureza divina vão, aos poucos e naturalmente, se tornando mais visíveis e fáceis de trabalhar. Se você descobrir em seu coração pensamentos que brilham com a luz do seu verdadeiro eu, deve aproveitar para deixar ir embora os pensamentos que se opõem a isso. Por exemplo, procure por sinais de amor no seu interior e, ao encontrá-los, livre-se dos sentimentos de ódio. Visualize que você abençoa outras pessoas, pois isso fará com que a inveja seja removida de sua mente. Sinta a gratidão brotando em seu coração; isso o ajudará a não mais fazer comentários sarcásticos e maliciosos sobre os outros. Procure sentir a paz no interior do seu coração; isso o afastará da impaciência e da irritação. Visualize que você vive um relacionamento romântico e saudável; isso evitará que você sinta apenas atração física. Quando conseguir sentir que sua mente está pura e tranquila, se livrará dos desejos incontroláveis e conseguirá se libertar dos sentimentos negativos e perturbadores. É assim que você será capaz de continuar polindo e fazendo brilhar o diamante que existe em seu interior.

Talvez você tenha dificuldade para fazer reflexões que cubram um período de dez anos ou até mesmo de um ano, por isso a chave é desenvolver o hábito de realizar a contemplação diariamente. Reserve dez ou quinze minutos antes de ir para a cama para rever os pensamentos, emoções, ações e conversas que teve durante o dia. Pergunte a si mesmo em qual desses momentos melhor conseguiu manifestar seu verdadeiro eu e em que situações se deixou levar pelo falso eu. Essa prática simples de concentração mental "Mindfulness" é extremamente poderosa para nos reconectar com a gratidão. Ao adotá-la, começaremos a sentir uma profunda gratidão por todas as coisas que nos foram dadas e por todo o amor que temos recebido. Ela nos ajudará a perceber o quanto nossos amigos e nossa família têm acreditado em nós e em todas as nossas esperanças e sonhos. É uma renovação espiritual que nos auxilia no progresso em relação aos erros do passado. Esse método às vezes nos faz sentir alegria, outras vezes faz com que derramemos lágrimas de efeito curativo, rejuvenescendo nosso corpo, pois tem o poder de fazer com que cada dia seja um novo começo.

FAÇA OS EXERCÍCIOS DAS PÁGINAS SEGUINTES

Seus dois lados

Crie o hábito de praticar, diariamente, a conexão com seu verdadeiro eu, reservando de dez a quinze minutos para relembrar as conversas e ações que ocorreram no dia.

Reveja as ações que foram influenciadas pelo seu verdadeiro eu. Que ações ou palavras você sente que vieram de sua natureza divina? O que você disse ou fez que poderia ser considerado como expressão de alguma qualidade divina?

Reveja as ações que foram realizadas sob influência do seu falso eu. Que ações ou palavras você acha que não vieram do seu eu verdadeiro?

....
....
....
....
....
....
....
....
....
....

Como você irá se renovar e agir para dar um novo início a partir de hoje?

....
....
....
....
....
....
....
....
....

ORGULHE-SE DOS SEUS PONTOS FORTES

Ter consciência de que possuímos uma natureza divina pode ser um grande desafio, sobretudo quando passamos por situações de vulnerabilidade e sofrimento. Muitas vezes nosso passado vem nos assombrar com a lembrança de nossos erros ou falhas e com o que achamos que "deveríamos" ou "poderíamos" ter feito. Isso às vezes nos coloca numa espiral negativa e torna mais difícil acreditarmos em nós mesmos. Nessas horas, é fundamental saber que não importa o passado que cada um teve, pois há uma parte de nós que fez tudo o que estava ao nosso alcance, permanecendo fiel ao que havia em nosso coração. Sempre há alguma coisa em nós da qual podemos nos orgulhar – por exemplo, o esforço que fazemos para viver da maneira mais honesta e sincera possível. Nossos pontos fortes também devem ser motivo de orgulho próprio. Cada um deles é uma parte maravilhosa e única, que nos faz emitir um brilho de uma cor característica, que se revela de acordo com nosso esforço e trabalho. Alguns de nós são educadores natos, outros são políticos, outros empreendedores, e assim por diante. Às vezes, desenvolvemos um sentimento de inferioridade ao percebermos que somos únicos e diferentes, pois, ao nos compararmos com os outros, vemos apenas nossas fraquezas. Na realidade, essas diferenças são sinais de que nossa alma é feita de diferentes pontos fortes e características. Na verdade, conscientizar-nos de que possuímos alguma fraqueza significa que descobrimos uma nova possibilidade de autoaprimoramento.

Meditar para encontrar os pontos fortes é algo especialmente poderoso em situações de fracasso ou decepção, porque esses eventos muitas vezes revelam nossa grande força ou nos mostram o quanto estivemos longe de viver em harmonia com a nossa natureza divina. São oportunidades valiosas para nos livrarmos da ilusão do falso eu, e, acima de tudo, para provar a nós mesmos o quanto temos um valor inato, o quanto somos fortes e resistentes para suportar os grandes reveses e adversidades. Nada pode destruir nossa natureza divina.

FAÇA OS EXERCÍCIOS DAS PÁGINAS SEGUINTES

Descubra seus pontos fortes

Faça uma lista de três de seus pontos mais fortes. Se sentir dificuldades em definir quais são seus pontos fortes, lembre-se das coisas positivas que os outros já disseram a seu respeito, e olhe para dentro do seu coração buscando os aspectos de que mais gosta em você.

Exemplos: amor, consideração, bondade, coragem, sabedoria, honestidade, dedicação, uma mente pacífica, um coração que dá bênçãos, gratidão, alegria, esforço, fé, oração, abundância, generosidade, uma mente livre de apegos, hábito de falar de modo positivo, simpatia, justiça, aspirações elevadas, crescimento pessoal, sucesso em criar um relacionamento saudável ou harmonia dentro da família, paciência, uma mente inabalável, força de vontade, esperança, benevolência.

1. ....
   ....
   ....
   ....

2. ....
   ....
   ....
   ....

3. ....
   ....
   ....
   ....

Feche os olhos e lembre-se de alguma vez em que agiu mostrando algum desses pontos fortes.

....
....
....
....
....
....
....
....
....
....
....

Cite algumas áreas que pretende trabalhar e que ainda não são seus pontos fortes.

....
....
....
....
....
....
....
....
....
....

Feche os olhos; reflita sobre alguma situação específica na qual você se esforçou em uma área em que geralmente se considera fraco.

VOCÊ É ÚNICO

Nossas diferenças muitas vezes geram atritos e sofrimento. Mas também inspiram grande admiração, aprendizagem e prazer. Elas são a razão de gostarmos tanto de conviver com as outras pessoas. E quando unimos nossos diferentes talentos, as possibilidades se expandem infinitamente e conseguimos realizar vários feitos. Compartilhar nossos talentos únicos nos permite aprender, ensinar, motivar e ajudar uns aos outros. Somos assim diferentes porque é essa abundante variedade que torna a vida neste mundo tão interessante. São os nossos propósitos variados e únicos que permitem nosso desenvolvimento espiritual, seja individualmente ou junto com os outros. Quando nos comparamos com os outros, frequentemente perdemos de vista a nossa verdade mais importante: o universo preparou um lugar único para cada um de nós.

Cada ser possui um lugar especial, que é o certo para si. E, se você estiver seguindo pelo caminho que o conduz para viver seu máximo potencial, a felicidade virá não somente para você, mas também para os outros. Quando você permanece fiel ao seu "eu" e se lembra do quanto é importante seu papel no mundo, mantém-se conectado ao seu propósito na vida e sabe como fazer o melhor uso do seu potencial para realizar aquilo que sente ser o seu propósito.

Para descobrir seus talentos únicos, reflita qual é a área ou assunto pelo qual você sente mais curiosidade e acha intrigante. Seu forte interesse por algo mostra onde estão ocultos os seus talentos. Você conseguirá trazer à tona o melhor de si quando se devotar a algo que o deixa fascinado. Seja o que for – um esporte, uma área de estudo, uma forma de arte ou um hobby –, concentre seus esforços nisso por cerca de três anos, e então irá descobrir uma nova confiança. Quando atingir certo nível em determinado campo, você poderá passar a outro e continuar expandindo seus horizontes. É preciso paciência e esforço para desenvolver novas habilidades ou aprender algo diferente, e às vezes poderá não obter resultados imediatos. Mas seus esforços serão recompensados algum dia. Desde que continue seguindo em frente, um dia será recompensado com a alegria de nunca ter desistido de cultivar seus talentos inatos.

FAÇA OS EXERCÍCIOS DAS PÁGINAS SEGUINTES

Encontre seus talentos únicos

Faça uma reflexão sobre seus talentos únicos e o papel que você vem desempenhando nesta vida. Quando descobrir qual é o seu propósito pessoal, saberá como oferecer seus talentos para o mundo, e, então, irá brilhar.

O que você gostaria de aprender mais do que qualquer coisa? O que lhe traz maior alegria e realização?

....
....
....
....
....
....
....

Em que situações você consegue se ver brilhando?

....
....
....
....
....
....

O que mais cativa sua alma? Quais são os talentos com os quais você acha que nasceu?

....
....
....
....
....
....
....
....
....
....

Que tipo de papel você acha que vem desempenhando nesta vida? Qual é, na sua opinião, sua missão pessoal?

....
....
....
....
....
....
....
....
....

FAÇA UMA REFLEXÃO SOBRE SEU CRESCIMENTO

Quando você mudar seu ponto de vista a fim de enxergar seu autêntico e verdadeiro eu – em vez de se ver a partir da posição que se encontra neste mundo –, você começará a notar talentos especiais seus que ainda não haviam sido revelados. Passará a olhar para si mesmo sem fazer julgamentos e descobrirá novas maneiras de se valorizar e se amar pelas qualidades especiais que possui.

Como seres humanos, muitas vezes ficamos desencorajados e achamos que estamos progredindo pouco na vida. Quando você se sentir assim, concentre-se no seu crescimento – na forma como tem melhorado desde que nasceu. Meditar sobre como você tem crescido irá ajudá-lo a valorizar toda a sabedoria, as habilidades e experiências que já adquiriu ao longo dos anos. Em geral, temos grande potencial de crescimento nas áreas em que somos mais fracos. Por exemplo, se já temos confiança em nossas aptidões físicas, talvez seja a hora de procurar desenvolver a experiência e a sabedoria. Do mesmo modo, se você já se destaca na área intelectual, poderia tentar fortalecer sua força de vontade, pois isso ajudaria sua alma a continuar se desenvolvendo. Por outro lado, alguém que possui uma enorme força de vontade pode acabar ser tornando muito teimoso e, portanto, precisa buscar o equilíbrio desenvolvendo mais o intelecto. Em geral, são os pontos fortes que nos trazem sucesso, mas se cultivarmos as áreas em que somos mais fracos, isso se tornará decisivo para conseguirmos crescer de forma duradoura.

Toda vez que perdemos uma de nossas habilidades, acabamos recebendo algo em troca, que nos permite ver as coisas sob uma nova luz. Por exemplo, à medida que ficamos mais velhos perdemos a força física, mas os anos de experiência nos recompensam com maior sabedoria, ajudando-nos a tomar decisões mais rapidamente. A vida é um estado em constante mutação; por isso, o melhor é desfrutar dessa viagem. Descubra a alegria e o poder da transformação: assuma o compromisso de se tornar melhor hoje do que era ontem, e amanhã melhor do que é hoje.

FAÇA OS EXERCÍCIOS DAS PÁGINAS SEGUINTES

O quanto você cresceu?

Você tem percorrido um longo caminho. Reflita: em que sentido conseguiu melhorar?

O que você ganhou com suas experiências de vida? Conhecimento? Habilidades? Relacionamentos?

....
....
....
....
....
....
....
....
....
....
....
....
....
....
....
....
....

Como fez e de que modo conseguiu crescer?

....
....
....
....
....
....
....
....
....
....

Examine em quais pontos e aspectos você se sentiu preso. De que modo você gostaria de crescer?

....
....
....
....
....
....
....
....
....

Para cada coisa que perdemos, sempre ganhamos algo novo. Faça uma lista abaixo colocando, para cada perda que você experimentou, o que lhe foi concedido em troca.

PERDAS	GANHOS

3

Dificuldades e fracassos
As ferramentas para o crescimento espiritual

Um dos maiores segredos para a felicidade é saber que você é o autor da sua vida. Todos somos dotados da capacidade de escolher nosso próprio destino, e somos os únicos responsáveis por esse precioso processo de aprendizado a partir de nossas escolhas.

ACALME-SE
DIANTE DA ADVERSIDADE

Todos nós sonhamos em alcançar nossas metas e viver sem dificuldades, mas em certas ocasiões a vida pode ser tão difícil que acabamos nos sentindo sozinhos e indefesos. Passamos por problemas na escola, na nossa carreira ou em nossos relacionamentos, mas se pudéssemos, gostaríamos de tê-los evitado. No entanto, por mais difíceis que sejam esses reveses, eles estão ali porque fomos nós que os colocamos. Nós mesmos planejamos nossa vida, de forma que fosse preenchida de desafios.

Antes de nascer, sabíamos como cada experiência poderia moldar nosso caráter, sabíamos que cada desafio do caminho iria nos ajudar a fazer uma reflexão profunda sobre nós mesmos, compreender aqueles à nossa volta e, mais importante ainda, ver o mundo sob uma nova luz. As infelicidades não ocorrem para nos fazer sofrer, mas para iluminar nossa alma. À medida que refletimos sobre nossas infelicidades, podemos descobrir quanto apoio temos recebido dos outros e quantas de nossas realizações foram possíveis por causa da ajuda deles. Quando somos preenchidos por esses sentimentos de conexão e de amor, nos tornamos unos com a força universal.

Aceitar calmamente os desafios é o que nos salva, no sentido mais verdadeiro. Se cairmos numa piscina e começarmos a nos afogar, nos mantermos calmos é o que poderá salvar nossa vida. Se agitarmos os braços e as pernas, acabaremos engolindo muita água, exaurindo nossas forças e entrando ainda mais em pânico. Mas, se pararmos de nos mexer, iremos boiar naturalmente até a superfície. Podemos resolver as dificuldades da vida agindo dessa mesma forma. Se observarmos com tranquilidade o que está ocorrendo, conseguiremos resolver nossos problemas gastando menos energia, com menos medo e desgaste emocional, sem afundar. Se aceitarmos calmamente os desafios como dádivas preciosas para o nosso crescimento espiritual, nos tornaremos unos com a vontade do universo e conseguiremos ver a mão que auxilia se estendendo para nós.

Todos temos capacidades e talentos inerentes, mas eles sozinhos não bastam para nos ajudar a crescer. O que faz nossa alma se expandir e brilhar são os desafios que superamos. É a nossa força, honestidade, humildade e fé inabalável na natureza divina de nosso interior que faz com que o brilho da nossa alma aumente, apesar das adversidades.

A adversidade é dolorosa. A chave para superá-la é não se menosprezar nem permitir que pensamentos negativos tomem conta da nossa mente por muito tempo. É importante continuar fazendo um esforço constante e firme para superar as dificuldades. E mesmo que o sucesso não seja alcançado, o destino sempre tem outra porta pronta para se abrir para nós. Algumas situações irão se esclarecer ainda durante nossa vida na Terra, outras ficarão ocultas até deixarmos este mundo. Mas saiba que o esforço que fazemos para vencer as adversidades nunca será inútil.

FAÇA O EXERCÍCIO DA PÁGINA SEGUINTE

Torne-se uno com a vontade do universo

1. Encontre um local onde possa relaxar e não ser distraído por ninguém. Sente-se numa posição confortável e coloque as mãos apoiadas sobre os joelhos, com as palmas voltadas para cima.

2. Feche os olhos e comece a inspirar e expirar devagar e profundamente. Inspire pelo nariz, preenchendo o peito e fazendo o ar chegar até a parte inferior do abdome. Depois, exale devagar, em silêncio, soltando o ar suavemente pela boca.

3. Quando perceber que conseguiu se acalmar, visualize o grande universo com sua infinidade de estrelas, em completa quietude. Sinta a vastidão e a serenidade do universo envolvendo você.

4. Desapegue-se de todas as preocupações e emoções negativas e visualize-as dissolvendo-se e sendo absorvidas pelo universo. Sinta o imenso amor do universo.

FAÇA O DOWNLOAD DA MÚSICA DE MEDITAÇÃO NO SITE IRHPRESS.COM.BR

Orientação do anjo

Às vezes, alcançamos um grande sucesso que nos traz alegria e entusiasmo. Outras vezes, enfrentamos fracassos que nos levam a um grande desespero. Seja lá qual for o problema que teremos de enfrentar, seremos capazes de superá-lo se o aceitarmos com humildade, aprendendo com ele e compreendendo seu significado.

Quando se sentir perdido na vida, diga em voz alta as seguintes palavras:

"Eu sou conduzido para viver uma vida excelente, que permitirá que meus dons e minha alma se desenvolvam ao máximo, em harmonia com a vontade do grande universo".

FRACASSO:
O TRAMPOLIM PARA O SUCESSO

A maior parte dos aprendizados da vida não vem com o sucesso, mas com o fracasso. Na verdade, algumas das mais ricas sementes de criatividade e progresso estão ocultas nos erros e nas falhas. E a maior parte dos sucessos ocorre logo após alguma decepção. Em momentos de insucesso, devemos lembrar a nós mesmos que os desapontamentos nos permitem eliminar o que não estava funcionando bem. Com isso, reduzimos as chances de passar pela mesma decepção e aumentamos as possibilidades de sucesso na próxima vez.

Toda experiência que não termina em sucesso é uma valiosa oportunidade para aprender, refletir e se aprimorar. Descobrimos, então, por que não fomos capazes de ter sucesso e o que foi que faltou – capacidade, competência, o momento certo ou circunstâncias particulares –, e uma vez compreendido isso podemos seguir adiante e vencer o próximo desafio. Para conseguir o que queremos da vida é crucial descobrir essas sementes do sucesso contidas em cada erro.

As pessoas que obtêm os maiores sucessos são também muito experientes em enfrentar dificuldades, reveses e baixa autoestima. Quanto mais elevados forem os nossos ideais e aspirações, maiores as adversidades que teremos de enfrentar e maior o número de erros que estaremos sujeitos a cometer. O fator decisivo é a maneira como nos recuperamos do fracasso. O segredo é perguntar sempre: "Qual é a lição a aprender?" e, então, aplicar o que descobrimos nas nossas próximas tentativas.

Quando somos altamente capacitados, tendemos a nos apressar para conseguirmos alcançar nossas metas. Mas, nessas horas, corremos o risco de perder de vista os sentimentos das outras pessoas, ignorar as inspirações vindas do fundo do nosso coração (nosso verdadeiro eu) e nos pressionarmos demais. Os erros que cometemos ao perseguir metas elevadas são oportunidades importantes para recuperarmos nossa energia, buscar o contato com nossa alma e cultivar amor e compreensão pelos outros.

Esta é a maneira de transformar todos os fracassos em trampolins capazes de nos lançar em direção aos próximos passos positivos. Isso é verdade não apenas para os nossos erros, mas também para os das pessoas que encontramos ao longo da vida. Da mesma forma, podemos crescer aprendendo com os sucessos e erros daqueles que estão à nossa volta. Ao fazer um estudo profundo das grandes personalidades, de como e por que falharam e o que provocou seus erros, obtemos uma fonte ilimitada de aprendizagem e de alimento para autorreflexão. O fracasso é, em termos bem simples, um dos mais poderosos combustíveis para enfrentar o próximo desafio. Em geral, não estamos conscientes dos erros que cometemos. Quando tudo está indo bem, não enxergamos uma potencial causa do próximo insucesso. Mas, depois de falhar, quando olhamos para trás vemos claramente que as raízes do fracasso foram lançadas muitos antes, quando tudo parecia estar correndo bem. Os fracassos e erros quase sempre expõem nossas falhas e fraquezas, mas, quando percebemos nossas deficiências, conseguimos alcançar um nível mais elevado de autocrescimento.

A vida é uma jornada para a expansão do eu. Quando há uma transformação na autopercepção – uma mudança na maneira como nos vemos – fica evidente que nossa alma progrediu. O objetivo de nascermos neste mundo, passarmos por diversas experiências, necessidades e dificuldades é para que possamos adquirir uma perspectiva mais elevada ou a iluminação. Cada acontecimento oferece uma nova porta, que abre novas possibilidades. Mesmo que um determinado caminho não se abra para nós, podemos refletir sobre a razão pela qual não fomos bem-sucedidos e aprender com aquilo que descobrimos. Essa aprendizagem, então, irá nos preparar para o próximo passo.

FAÇA OS EXERCÍCIOS DAS PÁGINAS SEGUINTES

Aprenda com as dificuldades e os fracassos

Que dificuldades ou provações você tem enfrentado?

....
....
....
....
....
....
....

Quais foram seus maiores e mais importantes fracassos?

....
....
....
....
....
....
....
....
....

O que você aprendeu com suas dificuldades, provações e insucessos? Por que você acha que eles foram necessários para seu crescimento espiritual?

Verdade feliz

Neste mundo, nunca ninguém falhou realmente, no verdadeiro sentido da palavra. Todos nascemos com o propósito de aprimorar nossa alma por meio de várias experiências; portanto, não existe fracasso por completo. Todos desempenhamos um papel temporário neste mundo, e tudo o que experimentamos serve como lição e alimento espiritual. Quando vemos a vida por esse ponto de vista, somos capazes de acessar nosso verdadeiro eu - a parte de nós que conhece nossa verdade e que nunca se sente desencorajada ou perdida.

DIFICULDADES:
NOSSA MISSÃO DISFARÇADA

A oração é algo muito importante, mas isso não significa que devemos contar apenas com a intervenção divina para resolver nossos problemas. É mais do que natural orar quando enfrentamos situações desafiadoras e nos sentimos desesperados. Na realidade, a oração é uma parte essencial da prática da meditação "Mindfulness", a qual mantém sua mente em atenção plena, necessária para se alcançar paz espiritual e iluminação. Mas, para concretizar nossas intenções e pedidos nas orações, precisamos fazer tudo o que estiver ao nosso alcance. Ao examinar os passos positivos que podemos dar para melhorar nossa situação atual conseguimos nos manter no presente e evitar pensamentos de lamentações sobre o passado como: "Se eu tivesse feito isso..." ou "Se aquilo não tivesse ocorrido..." Concentrar-nos no nosso potencial no presente serve para nos lembrar de que, mesmo em tempos de adversidades, sempre há algum tipo de ação positiva ao nosso alcance.

Em períodos difíceis, conseguimos aumentar ainda mais nossa força nos perguntando sempre o que podemos fazer pelos outros – família, escola, amigos, comunidade e sociedade. As contribuições que fazemos aos outros, enquanto seguimos adiante com nossa vida, permitem que nossa alma cresça verdadeiramente.

Todos nós – enfermeiros, médicos, pacientes, professores, estudantes, açougueiros, pescadores, mecânicos, representantes do governo, operários da construção civil, irmãs, irmãos, pais e avós – temos a missão de preencher este mundo com luz. Somos capazes de cumprir nosso propósito, sejam quais forem os desafios que nos forem colocados – mesmo que estejamos confinados à cama de um hospital, tenhamos perdido o emprego ou sido rejeitados pela nossa família. O ambiente à nossa volta é apenas parte de cada uma das lições que nos ajudam a cumprir nossa missão de luz. Se essas lições parecem muito fáceis, certamente virão outras mais desafiadoras. Da mesma forma, mesmo que elas pareçam insuportavelmente difíceis, aos poucos se tornam mais fáceis. Quanto mais cada um de nós se conscientizar do poder que possuímos para cumprir nosso propósito, mais seremos capazes de aumentar o amor e a luz neste mundo.

FAÇA OS EXERCÍCIOS DAS PÁGINAS SEGUINTES

Compreenda suas circunstâncias

As circunstâncias em que você se encontra não passam de lições necessárias para o seu aprendizado. O que elas lhe dizem sobre o seu propósito de vida?

....
....
....
....
....
....

Você está enfrentando algum obstáculo neste exato momento? Sente-se sem forças para mudar as coisas? Pergunte ao seu anjo interior o que você pode fazer nas circunstâncias em que se encontra agora.

....
....
....
....
....
....

Que contribuições você pode dar à sua família, escola, companhia, comunidade ou à humanidade?

Mini-inspiração
Uma mensagem espiritual de Hellen Keller*

"Talvez você esteja sofrendo de alguma deficiência, passando por uma tragédia ou sentindo-se infeliz. Mas isso é parte da promessa que fez a Deus antes de vir para este mundo. Você prometeu fazer o melhor possível para se erguer acima de quaisquer dificuldades nesta vida, não importa o quanto sejam duras.

"Antes de nascer neste mundo, todos consultamos nosso anjo a respeito do tipo de vida que deveremos levar. Aqueles que agora estão enfrentando circunstâncias adversas ou desfavoráveis fizeram a promessa de que se esforçariam para superar as provações e sofrimentos que escolheram experimentar na vida.

"Eu até ousaria dizer que aqueles que estão em circunstâncias adversas são os escolhidos. Deus deseja que eles superem a adversidade para que se tornem uma fonte de grande encorajamento para muitos. Portanto, não se lamente por seus infortúnios. Você nasceu neste mundo para fazer brilhar a glória divina.

"É você mesmo, e ninguém mais, quem escolhe sua vida. É você mesmo quem escolhe o seu destino; portanto, aceite-o."

Extraído de *Spiritual Message Collection*, volume 14, de Ryuho Okawa

---

* Norte-americana que, com ajuda da professora Anne Sullivan, venceu os sofrimentos da surdez e da cegueira, tornando-se uma escritora famosa que levou mensagens de fé e esperança às pessoas. (N. do E.)

Sua missão na vida. Seu propósito.

1. Procure um local onde possa se concentrar, livre de perturbações; sente-se numa posição confortável, com as mãos apoiadas sobre os joelhos e as palmas voltadas para cima.

2. Comece a respirar lenta e profundamente. Concentre-se na inspiração pelo nariz, preenchendo o peito e levando o ar até o baixo ventre. Depois exale devagar, tranquilamente, soltando o ar pela boca. Enquanto se concentra na respiração, visualize o sangue sendo purificado pelo oxigênio e circulando por seu corpo todo – passando pela cabeça, pescoço, ombros, quadris etc. Isso fará com que as vibrações da sua mente e do seu corpo se harmonizem gradualmente.

3. Visualize uma cena em que você está se preparando para nascer neste mundo. Os problemas que você está enfrentando agora dão indicações sobre sua missão nesta vida e as promessas espirituais realizadas no céu. Qual é a missão que eles lhe revelam?

FAÇA O DOWNLOAD DA MÚSICA DE MEDITAÇÃO NO SITE IRHPRESS.COM.BR

Uma promessa espiritual para si mesmo

No exercício anterior, "Sua missão na vida. Seu propósito.", quais foram suas descobertas a respeito de sua missão e das promessas que fez antes de nascer neste mundo?

....
....
....
....
....
....
....
....
....
....
....
....
....
....
....
....

4

Gratidão

A porta para a felicidade

Sentir-nos felizes com o que temos é o segredo da felicidade máxima. Estar satisfeitos é amar nossa vida, abraçá-la por aquilo que é, e aceitar que todos temos vidas únicas, só nossas. Fomos abençoados com muitas coisas que merecem nossa gratidão, o que inclui cada dia da nossa vida.

DESCUBRA SUAS BÊNÇÃOS

Todos nós já experimentamos ansiedade e enfrentamos situações tão desafiadoras que nossa vontade era desistir e sair correndo. Por mais simples que possa parecer, uma ferramenta poderosa para mudar seu pensamento em períodos como esses é a prática diária da gratidão. A gratidão é capaz de levantar seu ânimo mesmo quando você está em um lugar negativo e sente que tem poucas coisas pelas quais deveria se sentir grato – por exemplo, quando está enfrentando circunstâncias difíceis ou sofrimentos físicos.

Podemos formular frases de gratidão para repetir a partir de questões básicas como: "Agradeço por estar vivo hoje", "Apesar das dificuldades e dos problemas, o dia de hoje é uma dádiva", "Que bom que o sol ainda continua a brilhar", "Consegui perseverar por mais um dia" ou "Amanhã será um novo dia".

A gratidão realmente surge quando retornamos ao passado, ao início da nossa vida neste mundo, e lembramos como tudo começou: éramos apenas bebezinhos e não tínhamos nada. A vida em si já era uma grandiosa dádiva. Para nós, tanto fazia se nossa família era rica ou pobre. Éramos apenas uma pequena vida alojada num corpinho com alguns quilos, preparando-se para o que viria pela frente. Nosso início foi como um bebê, com poucas coisas que nos diferenciassem dos demais. Talvez fôssemos um pouco mais leves ou pesados que os outros, mas não havia nada que pudesse determinar como seria nossa vida. Se enfileirarmos centenas de bebês à nossa frente agora, não saberemos dizer que tipo de vida cada um terá. Mas, desde aquele momento, crescemos e temos levado uma vida única, com pensamentos e ações sem igual, tipicamente nossos.

A maioria das pessoas não percebe que recebeu tantas coisas desde a infância – roupas, comida, um lar para morar, educação, amigos, ajuda financeira, presentes e, acima de tudo, a esperança de ter um futuro brilhante. Tudo isso são as dádivas com as quais temos sido abençoados. Mas, apesar disso tudo, muitos de nós formamos uma autoimagem negativa e desenvolvemos o hábito de reclamar do que nos falta na vida. Costumamos nos comparar com os outros na escola, em casa, no trabalho. Todos tivemos bons momentos, em que fomos reconhecidos por nossas contribuições, e outras vezes não. Nessas fases de baixa, é mais fácil pensarmos em críticas e mágoas e esquecermos o amor, a bondade e as palavras positivas que recebemos. A prática da gratidão ajuda a afastar esse tipo de pensamento e colocar o foco nas coisas positivas da vida.

Quando examinamos nossa vida desde o início, vemos que fomos abençoados com amigos e familiares maravilhosos, que nos ajudaram a alcançar muito mais do que poderíamos imaginar. Todos recebemos ajuda, amor e apoio de diversas pessoas, direta e indiretamente. Somos quem somos hoje graças ao amor que recebemos de uma grande quantidade de pessoas. As práticas da gratidão nos despertam para a importância de estarmos satisfeitos com as nossas bênçãos. Aos poucos, nossa maneira de encarar a vida muda, e abrimos os olhos para a abundância de amor que já recebemos. A gratidão é um poder que ilumina as maravilhosas bênçãos que costumam ficar ocultas à nossa atenção até que se tornem claras e brilhantes.

FAÇA OS EXERCÍCIOS DAS PÁGINAS SEGUINTES

Prática da gratidão

Seja direta ou indiretamente, você tem recebido a ajuda e o amor de muitas pessoas.

Todo dia, identifique dez coisas com as quais você foi abençoado. Faça uma lista e leia em voz alta ou simplesmente reflita sobre cada uma delas.

1 ....
2 ....
3 ....
4 ....
5 ....
6 ....
7 ....
8 ....
9 ....
10 ....

Que ajuda, amor, apoio ou cuidado você recebeu dos outros hoje ou em algum outro momento de sua vida?

....
....
....
....
....
....

Pode ser que você ache difícil pensar em coisas pelas quais se sente grato, principalmente se não está acostumado a praticar isso ou se está se sentindo desanimado ou deprimido. Mas, depois de praticar por um tempo, conseguirá pensar facilmente numa infinidade de razões pelas quais pode se sentir grato. Até que isso aconteça, aqui está uma lista de afirmações que você pode dizer a si mesmo quando se sentir vazio.

- *Comecei sem nada ao nascer, e ainda estou aqui.*
- *Eu sou grato por todo o amor que meus pais me deram.*
- *Eu sou grato pela educação que recebi.*
- *Eu sou grato pelos meus amigos.*
- *Eu sou grato por ter superado o dia de ontem.*

UM BALANÇO DO AMOR

Se você fosse capaz de lembrar de toda a ajuda, apoio e amor que já recebeu na vida e quisesse escrever isso, a lista poderia se tornar infindável. Mas, se você refletisse sobre a bondade desinteressada que já dedicou aos outros, como ficaria essa lista? Para fazer um balanço do amor, pegue uma folha e divida-as em duas colunas. Na coluna da esquerda coloque o título "Amor recebido" e, na da direita, "Amor dado". Em seguida, preencha as colunas com o amor que já recebeu e deu em sua vida. Você vai notar que a lista do amor que recebeu é bem maior do que a outra. Assim, quando quiser se inspirar para sentir gratidão, use esse balanço do amor.

 Logo que começamos a preencher esse balanço, percebemos o quanto recebemos de amor desde que nascemos neste mundo. Nossos pais nos alimentaram, trocaram nossas fraldas, nos carregaram no colo quando chorávamos e nos colocaram para dormir. Deram-nos atenção quando agimos de modo egoísta ou chorávamos à noite nos primeiros meses. Depois, na escola e ao longo da infância, pais e professores cuidaram de nós quando nos machucávamos, ficávamos doente ou tínhamos algum problema. Quando formos preencher a coluna do "Amor dado" na época em que éramos bebês, provavelmente sentiremos dificuldade para encontrar o que escrever. É possível que venhamos até a descobrir ainda mais cuidados recebidos, como os banhos que nossos pais nos deram todos os dias.

Mesmo até os 2 ou 3 anos, não há muito o que escrever na coluna "Amor dado". O máximo que poderemos dizer é que deixamos nossos pais felizes – por exemplo, por termos nascido sem complicações, ou quando aprendemos a ficar em pé sozinhos ou começamos a falar, ou pelo simples fato de sermos adoráveis. Talvez você consiga começar a achar alguma coisa para escrever nesta coluna a partir dos anos da pré-escola, por exemplo, as situações em que foi bonzinho com seus pais. E talvez tenha alguma lembrança de ter dado amor quando estava no ensino fundamental e no colegial, mas provavelmente não muita coisa.

Até nos tornarmos independentes, por volta dos 20 anos, a maioria de nós leva a vida muito absorvido em si mesmo, buscando receber o máximo possível de apoio e amor das pessoas que nos rodeiam, enquanto nos preparamos para a vida adulta. E até quando ingressamos na faculdade, ainda continuamos pensando somente no nosso crescimento. Isso não é tão ruim assim – afinal de contas, as crianças precisam receber cuidados para crescerem saudáveis e felizes. Nossas oportunidades de saldar essas dívidas começam de fato quando chegamos à idade adulta e nos tornamos membros da sociedade.

O propósito deste exercício não é fazer com que você se sinta mal, mas ajudá-lo a sentir gratidão. Quando você está lutando contra uma tristeza profunda, se comparar o amor que tem dado com o que tem recebido, ficará mais fácil sentir gratidão uma vez mais pelas bênçãos recebidas.

Ao fazer este exercício, você vai descobrir que, mesmo nas ocasiões em que estava se queixando, criticando os outros e se sentindo triste e insatisfeito, você ainda recebia muito amor, o tempo todo. Quando nos sentimos infelizes, é comum termos pensamentos como: "Por que será que ele não fez isso por mim?", "Por que tal coisa não deu certo?" ou "Aquilo não funcionou direito". E, sempre que surge uma oportunidade, acabamos criticando alguém. Mas quando mudamos a sintonia e passamos a prestar atenção no amor que temos recebido, começamos a nos sentir cada vez melhor conosco e com a vida.

FAÇA O EXERCÍCIO DA PÁGINA SEGUINTE

Calcule a quantidade de amor

Prepare um balanço do amor. No lado esquerdo, crie uma coluna para o amor que você recebeu e, no direito, uma para o amor que você deu.

AMOR RECEBIDO ❧ **AMOR DADO**

DO NASCIMENTO À PRÉ-ESCOLA

NA ÉPOCA DO ENSINO FUNDAMENTAL

NA ÉPOCA DO ENSINO MÉDIO

NA ÉPOCA DO ENSINO SUPERIOR

DOS 25 AOS 30 ANOS

DOS 30 ANOS EM DIANTE

DAR AMOR PODE MUDAR SUA VIDA

Todo dia, podemos decidir dar algo aos outros, como forma de agradecimento e retribuição pelo amor que nos foi oferecido ao longo da vida. Podemos abordar cada dia como se fosse uma espécie de experimento: quanto mais amor seremos capazes de dar, em vez de cobrar?

O amor que damos é diferente daquele que recebemos. O "amor que se dá" é uma manifestação altruísta do desejo de doar. Em contrapartida, o amor que cobramos dos outros é um apego – um desejo em favor de si mesmo, pensando em se proteger e controlar. Esse tipo de amor é uma tentativa de manter as outras pessoas presas a nós e de privá-las de sua liberdade. Não é um amor real ou duradouro. Um amor generoso, não egoísta, um amor altruísta, provavelmente irá inspirá-lo a dar dinheiro e presentes a alguém que você ama. Mas, se você estiver tentando prender a outra pessoa a você, então não importa quanto dinheiro ou presentes você dê, pois na verdade estará cobrando esse amor da outra pessoa. É por isso que o amor desaparece quando esperamos algo em troca por aquilo que estamos dando, pois não se trata de amor de verdade.

O verdadeiro amor é desprendido, não espera nada em troca, deixa as pessoas livres. Ele ajuda os outros a crescer e se desenvolver plenamente, porque confia na bondade do ser humano. O verdadeiro amor também é incondicional: aqueles que amam de verdade continuam dando e compartilhando mesmo que não seja possível desfrutar da recompensa de ver seus amados florescerem e se desenvolverem. O verdadeiro amor é como o Sol, que nunca descansa e nunca para de dar sua luz e seu calor.

    O "amor que se dá" também pode ser chamado de compaixão. Ele é a essência da natureza humana e a vontade de Deus. Trata todos os indivíduos da mesma forma e doa sem discriminação. A essência do amor é descobrir a luz em cada pessoa e em todas as coisas, e prezar e enaltecer essa luz. Somos capazes de apreciar e admirar outros seres, uma simples flor ou até um pequeno inseto. O amor nos ajuda a encontrar a natureza divina que se irradia de nós e de todas as pessoas que conhecemos. É isso que dá ao amor o poder de curar as feridas da mágoa e o sentimento de inferioridade. Quando nascemos, nenhum de nós se sentia envergonhado ou se comparava aos outros. Mas, quando crescemos, muitos de nós desenvolvemos sentimentos de inferioridade por acharmos que não estamos sendo amados. Se olharmos à nossa volta, neste momento, veremos outras pessoas que também estão tendo sentimentos de inferioridade, e então entenderemos o quanto é importante dar amor. Quanto mais sofrermos por causa do complexo de inferioridade, mais compreenderemos que precisamos dar amor ao mundo.

    Tornar-nos um doador de amor irá ajudar a nos livrarmos dos sentimentos de inferioridade. Quando damos amor, devemos dá-lo continuamente, sem esperar nada em troca, porque essa é a verdadeira natureza do amor. Amar é continuar plantando sementes e bulbos, mesmo que depois você não consiga vê-los florescer.

É muito fácil dizer que é importante tratar os outros com compaixão, mas o maior desafio é praticá-la diariamente. O que significa ampliar a compaixão e o amor pelos outros? Isso é algo que nós mesmos devemos tentar descobrir, e adotar um caminho que inclua a prática diária da reflexão sobre bondade, compaixão e amor – o quanto expandimos o amor e recebemos dele. Partilhar amor, bondade e compaixão com os outros é uma lição espiritual que transforma nossa vida e que podemos começar a praticar imediatamente.

A partir do momento em que você decide se tornar misericordioso, muitas pessoas se aproximarão para lhe oferecer ajuda. Isso pode parecer misterioso, mas, segundo um princípio espiritual, o auxílio chega a nós quando começamos a ajudar os outros; o amor que damos realmente acaba retornando a nós no final. Quando fazemos algo puramente para beneficiar os outros, no mesmo instante surge uma auréola sobre nossa cabeça. Esse halo é invisível aos olhos daqueles que vivem na Terra, mas vem do céu como luz. Você pode sentir essa luz quando perceber que seu corpo se aquece toda vez que faz alguma coisa com a pura intenção de tornar a outra pessoa feliz. Mesmo que esteja muito frio, tanto os doadores quantos os receptores do puro amor irão se sentir preenchidos pelo calor dessa luz. Assim, quando seus pensamentos estiverem repletos de amor pelos outros, na realidade você também estará recebendo amor.

FAÇA OS EXERCÍCIOS DAS PÁGINAS SEGUINTES

Amor e compaixão. É dando que se recebe.

1 *O que você pode fazer para ajudar as outras pessoas a crescerem, sem esperar nada em troca, praticando um amor altruísta?*

....
....
....
....
....
....
....
....
....

2 *Por acaso existem pessoas em sua vida que você está tentando mudar ou controlar?*

....
....
....
....
....
....

3. *Verifique: de que modo você tem dado e compartilhado amor incondicionalmente?*

....
....
....
....
....
....
....
....
....
....

4. *Reflita: para quais pessoas e de que modo você poderia oferecer mais bondade ou compaixão?*

....
....
....
....
....
....
....
....
....

VIVA UMA VIDA DE BONDADE

Mesmo que pareça assustador, imaginar como nos sentiríamos se tivéssemos de abandonar este mundo hoje pode nos ajudar a descobrir como deveríamos ser mais amorosos. O fato é que, cedo ou tarde, todos nós vamos retornar para o outro mundo. A sensação, nessa hora, é como se estivéssemos voando sobre a Terra e nos tornando uma estrela no céu. À medida que você sobe milhares de metros em direção ao céu, a Terra vai se parecendo com uma pequena bola. As lembranças de suas brincadeiras de criança, da sua casa e dos seus amigos tornam-se cada vez mais distantes e difusas. Os bosques, rios e tudo o que era familiar vai desaparecendo como se fosse uma névoa.

Quando esse momento chega, é comum a pessoa sentir que poderia ter sido mais bondosa, ter falado com maior compaixão e ter sido mais amorosa com as pessoas que lhes eram queridas. A vida na Terra vira algo distante, como os fragmentos das nossas recordações dos contos de fadas que líamos na infância ou dos dias felizes na escola. Portanto, já que um dia você acabará abandonando este mundo, por que não preenchê-lo com o calor de boas memórias, e por que não tratar os outros com bondade, do jeito que você gosta de ser tratado? Os momentos mais felizes da vida são aqueles em que recebemos o simples presente da bondade.

FAÇA OS EXERCÍCIOS DAS PÁGINAS SEGUINTES

Exercite a bondade

Aqui encontram-se algumas perguntas que você pode fazer a si mesmo todos os dias para rever suas ações e palavras e refletir sobre a maneira de oferecer mais compaixão aos outros.

Durante as conversas, interações ou conflitos que vivenciou neste dia, houve situações em que você poderia ter usado palavras mais gentis? Escreva o que você disse e como acha que poderia ter dito a mesma coisa de maneira mais amorosa.

O que você disse:

....
....
....
....
....
....

Como você poderia ter dito a mesma coisa:

....
....
....
....
....

GRATIDÃO

Pense nas pequenas ações que realizou ao longo do dia. Em quais delas você poderia ter mostrado mais bondade e consideração pelos outros? Escreva o que aconteceu e depois como você gostaria de reagir no futuro em uma situação semelhante.

O que aconteceu:

....
....
....
....
....
....
....
....

Como você reagiria no futuro:

....
....
....
....
....
....
....
....

COLOQUE SEU AMOR EM AÇÃO

O amor não é apenas um sentimento abstrato; o amor é também ação. Ao final de cada dia, faça uma reflexão para saber se foi amoroso, verificando se foi tão bondoso e prestativo como poderia ter sido. Às vezes, os desafios da vida cotidiana podem exigir o que temos de melhor; por isso, podemos passar dias inteiros, semanas ou mais tempo ainda preocupados apenas com nossa própria vida. Assim, vamos agora mudar o nosso foco, deixando de pensar em nós, no nosso orgulho, na nossa autoadmiração e autopreservação, e reservar um momento para refletir sobre o que fomos capazes de fazer pelos outros hoje, nesta semana, neste mês, neste ano.

FAÇA OS EXERCÍCIOS DAS PÁGINAS SEGUINTES

O amor em ação

Se desejar obter maior aprimoramento e desenvolvimento espiritual, pratique este exercício de contemplação diariamente por um período de sete dias, procurando responder às questões a seguir.

Como você tem colocado amor e bondade em suas ações? De que modo poderia ter sido mais bondoso? Há alguma coisa que poderia ter feito de maneira a demonstrar maior consideração e respeito pelos outros?

DIA 1

DATA:

....
....
....
....
....
....
....
....
....
....
....

DIA 2

DATA:

....
....
....
....
....
....
....
....
....

DIA 3

DATA:

....
....
....
....
....
....
....
....

DIA 4

DATA:

DIA 5

DATA:

DIA 6

DATA:

DIA 7

DATA:

Nos próximos dias e semanas, que tipo de pequenas gentilezas você poderia oferecer aos seus entes queridos, colegas, vizinhos ou a estranhos?

5

Perdão

Cultive a compaixão dentro de si

Apesar de todos possuirmos a natureza divina dentro de nós, ainda somos imperfeitos. E é assim mesmo que teríamos de ser. Estamos todos aqui para aprender com as várias experiências pelas quais passamos neste mundo e, com isso, desenvolver nossa alma. Lembrar-se disso pode nos ajudar a tolerar os defeitos e perdoar os erros – tanto os nossos como os dos outros.

ACEITE A IMPERFEIÇÃO

Existem mais de 7 bilhões de pessoas hoje neste planeta, e nenhuma delas tem uma vida perfeita. Todo mundo tem falhas e arrependimentos. Somos todos imperfeitos. Todos cometemos erros e experimentamos fracassos em algum ponto da vida. Mas essas experiências nos levam a descobertas e ao crescimento espiritual. Ao compreender isso, nos tornamos capazes de cultivar a compaixão pelos outros, que estão passando pelo mesmo processo de aprimoramento, enquanto tentam abrir um novo caminho na vida.

Em geral, o sofrimento surge quando queremos ter uma vida perfeita, mas sabemos que não há como evitar o fracasso e os erros, já que vivemos neste mundo. Se você analisar seus erros e constatar que está se culpando por causa de suas imperfeições, lembre-se de tentar viver uma vida melhor, mas não uma vida perfeita. Em vez de procurar alcançar 100% de perfeição em sua vida, por que não tentar 70%?

Quando nos contentamos com 70%, somos mais capazes de aceitar o que temos, o estágio em que estamos na vida e até o que realmente somos. Sempre teremos arrependimentos, mas podemos tentar não ficar julgando tanto nossas atitudes e nossa vida, colocando o foco nesses 70% positivos. Assim, o positivo sempre terá maior peso que o negativo.

Cada um de nós tem o poder criativo de se transformar livremente, de acordo com a própria vontade. Temos o poder de nos tornarmos qualquer tipo de consciência que quisermos, e também de escolher nossas ações. O conflito costuma surgir quando nos apoiamos nos nossos próprios padrões para criticar, condenar ou julgar os outros, à medida que agem conforme sua própria vontade. Ao nos concentrarmos na brilhante natureza divina que existe dentro de cada pessoa, compreendemos o quanto podemos nos tornar preciosos e maravilhosos.

FAÇA OS EXERCÍCIOS DA PÁGINA SEGUINTE

Descubra seus 70%

O que significaria para você levar uma vida 70% positiva?

....
....
....
....
....
....
....
....

O que o deixa feliz por ser do jeito que é?
Eu fico feliz comigo quando/porque ....

....
....
....
....
....
....
....
....
....
....

A CORAGEM DE PERDOAR A SI MESMO

Todos nós queremos superar os desafios da vida, mas às vezes nos vemos lutando uma batalha perdida e tendo de suportar a derrota. Quando caminhamos rumo ao fracasso, apesar de termos dado o máximo de nossos esforços e sabedoria, precisamos ter coragem para perdoar a nós mesmos, antes de tudo. Nessas situações, podemos cair num redemoinho de pensamentos negativos e de começar a se culpar, mas, quando realizamos a prática de nos concentrarmos em coisas positivas – sabendo que fizemos o melhor possível –, conseguimos parar com pensamentos autodepreciativos e encontrar coragem para começar de novo. Podemos aprender com as situações que deram errado e assumir a responsabilidade pelo que devemos aprimorar para conseguir fazer melhor da próxima vez. Depois, devemos deixar o fracasso ir embora e parar de sofrer por isso.

É preciso ter coragem para perdoar a nós mesmos por nossas falhas. A cada fracasso, ganhamos a experiência e a sabedoria de que precisamos para nosso crescimento espiritual – e é esse crescimento que dá sentido à nossa vida neste mundo.

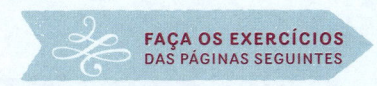

FAÇA OS EXERCÍCIOS DAS PÁGINAS SEGUINTES

Perdoe a si mesmo

Observe se sua mente fica se ocupando com arrependimentos. Anote, no espaço a seguir, aquele que mais o incomoda.

....
....
....
....
....

Que lições você aprendeu com essa experiência?

....
....
....
....
....
....
....
....
....
....
....
....

Você fez o melhor que pôde e já sofreu por tempo suficiente. Para ajudá-lo a encontrar coragem de perdoar a si mesmo, escreva uma carta dirigida a você, perdoando-se.

Querido "eu",

O PODER ESPIRITUAL DO PERDÃO

O perdão não é simplesmente um poder terreno, mas também um poder espiritual: é o próprio poder do amor. O perdão não é um conceito abstrato; é um componente indispensável da felicidade. Só quando formos capazes de perdoar uns aos outros é que alcançaremos a felicidade neste mundo.

Podemos superar as emoções negativas e encontrar paz de espírito aceitando as pessoas que nos decepcionaram e deixando de pensar em arrependimentos passados. Uma simples prática como essa, de deixar as coisas irem embora, oferece muitas bênçãos: dormimos melhor à noite; sentimo-nos renovados e mais leves, como se tirássemos um peso das costas; e percebemos a compaixão que os outros nos dedicam.

Como seres imperfeitos, às vezes nos vemos caindo em pensamentos negativos e alimentando raiva ou ressentimentos dentro de nós. Nem sempre é fácil deixar esses sentimentos irem embora, mas ficamos melhor à medida que praticamos. Um dos passos mais importantes é tentar ver as coisas pela perspectiva do outro. Quando fazemos isso, descobrimos circunstâncias e crenças que nos ajudam a entender a outra pessoa e nos fazem evoluir da raiva para a compaixão. Quando nos colocamos no lugar da outra pessoa e falamos conosco pelo ponto de vista dela, isso muda o que pensamos em falar para ela e nos ajuda a cultivar a compaixão e o perdão. E isso, por sua vez, nos liberta.

    Nada acontece neste mundo exatamente do jeito como gostaríamos; portanto, às vezes precisamos aceitar as coisas como são, sobretudo quando se trata das outras pessoas. Mesmo nos casos mais extremos, quando o perdão torna-se um grande desafio, ele é necessário para nossa própria saúde e paz de espírito. No final, o perdão é uma dádiva muito maior para nós do que para os outros. Manter a negatividade no subconsciente por muito tempo acabará nos fazendo adoecer; no entanto, o perdão possui o poder de curar. O perdão é um estado de espírito: ao praticá-lo, estamos cultivando um profundo amor que tem o poder de curar os outros e a nós mesmos. O perdão nem sempre vem naturalmente, mas, se fizermos um esforço consciente para nos lembrarmos do seu poder, conseguiremos nos libertar do ressentimento e recuperar a paz de espírito.

FAÇA O EXERCÍCIO DA PÁGINA SEGUINTE

Defina a data em que irá parar de sofrer

Você pode achar que, apesar de todos os seus esforços, ainda tem dificuldades para perdoar a si mesmo ou aos outros. Nesse caso, defina uma data limite para o seu sofrimento. Estabeleça quando irá deixar ir embora o sentimento amargo que persiste dentro de você. Pode ser hoje no final do dia, no final da semana ou no final do mês. Anote isso no seu calendário, agenda, num bilhetinho adesivo ou em um lugar que você com certeza possa ver. Trate isso como um evento real, que irá ocorrer na data definida, e tome providências para agir de acordo.

Eu vou deixar ir embora os ressentimentos e mágoas de

....
....
....
....
....
....
....
....

NO DIA / HORA: ....

COMPREENSÃO:
A CHAVE DO PERDÃO

Existem dimensões das outras pessoas que nós nunca vemos. Lembrar-se disso pode nos ajudar a manter a mente aberta, misericordiosa, que não julga. Assim como nem sempre nos sentimos totalmente compreendidos, também nos enganamos sobre os outros quando olhamos para eles apenas pela nossa limitada perspectiva. Quando tomamos nossas suposições como certas, facilmente criamos mal-entendidos e ressentimentos desnecessários. Quando somos indulgentes conosco e pensamos que sabemos mais do que os outros, corremos o risco de desenvolver um coração incapaz de perdoar.

Para desenvolver um coração tolerante, capaz de perdoar, devemos abrir mão das nossas suposições e tentar de fato conhecer uns aos outros. Devemos nos esforçar para compreender o ponto de vista dos outros, considerar o que eles estão vivendo e como se sentem.

Para harmonizar nossos relacionamentos com os outros devemos enxergar cada pessoa como obra-prima única de Deus. Elas são como aqueles quadros famosos, que mudam de acordo com a perspectiva do observador e dão origem a todo tipo de opinião. Algumas pessoas gostam de coisas que outras não suportam. Mas o que dá valor a essas pinturas é justamente essa diferença no modo como cada pintura expressa a beleza e as ideias. Aceitar o ponto de vista das demais pessoas é a prática que nos permite desenvolver a compaixão, a tolerância, a valorização do outro e o perdão.

FAÇA OS EXERCÍCIOS DAS PÁGINAS SEGUINTES

Harmonia nos relacionamentos

Se um relacionamento difícil o está perturbando, você conseguirá encontrar paz de espírito analisando como poderá resolver isso de um modo que nunca pensou antes.

1. *Em um local tranquilo, sente-se numa posição confortável e feche os olhos. Pratique um pouco de concentração na respiração para se preparar para a visualização.*

2. *Olhe para dentro do seu coração. Existem sentimentos negativos que o perturbam em relação a alguma pessoa? Existe alguém, do passado ou de sua vida presente, que você associa com experiências difíceis, problemas, mágoas ou sofrimento?*

3. *Imagine essa pessoa sentada à sua frente. Visualize-se dizendo: "Eu realmente gostaria de entender você melhor. Você poderia me ajudar?" Com uma mente aberta, tranquila, ouça o que ela tem a lhe dizer.*

4. *Em seguida, reflita sobre as coisas que desconhece dessa pessoa, e como isso poderia mudar seus sentimentos em relação a ela.*

5) *Imagine que seu relacionamento com essa pessoa está melhorando e que vocês agora estão se entendendo bem. Visualize que você está tendo um diálogo positivo com ela.*

6) *Tente se imaginar apertando a mão dessa pessoa ou abraçando-a depois dessa conversa. Veja quais serão os benefícios disso de ambos os lados. Consegue se harmonizar com ela em sua mente?*

FAÇA O DOWNLOAD DA MÚSICA DE MEDITAÇÃO NO SITE IRHPRESS.COM.BR

Transforme o conflito em compaixão

Depois de terminar o exercício "Harmonia nos relacionamentos", pense no seu conflito com essa pessoa. Como você se sente sobre isso agora?

....
....
....
....

O que você pode fazer agora para melhorar seu relacionamento com essa pessoa?

....
....
....
....

Como você pode transformar o relacionamento com essa pessoa em uma oportunidade para melhorar sua compreensão e desenvolver o sentimento de compaixão em seu coração?

....
....
....
....

SEJA FELIZ AGORA

Não podemos mudar o que ocorreu no passado, mas podemos mudar nosso futuro. Temos o poder de manifestar o que quisermos em nossa vida. Ao mesmo tempo, quando encontramos felicidade no presente, vemos nosso passado sob uma luz diferente e mais positiva.

Quando estamos felizes, reconhecemos que cada pessoa em nossa vida contribuiu para nos mover em direção à felicidade. Mesmo aqueles que nos magoaram ou agiram mal conosco tornaram-se parte integrante do nosso caminho para a felicidade. Cada um serviu como uma pedra de amolar, para refinar nossa alma. Cada um ajudou a nos tornarmos o que somos hoje.

Todos nós temos tanto o direito como a responsabilidade de ser felizes. Assumir a responsabilidade por nossa felicidade nos permite cultivar a compaixão e aceitar uns aos outros. Somente quando compreendemos os pontos de vista e o estilo de vida das pessoas, conseguimos ver seus pontos fortes e seu brilho. Quando honrarmos de verdade nosso direito e responsabilidade pela felicidade – e também o direito e a responsabilidade dos outros –, seremos capazes de criar o tipo de mundo que todos gostaríamos de ver.

FAÇA OS EXERCÍCIOS DAS PÁGINAS SEGUINTES

Seu direito e responsabilidade de ser feliz

O que deixa você feliz agora? Quem tem contribuído para sua felicidade?

....
....
....
....
....
....
....

O que significa para você assumir a responsabilidade por sua própria felicidade?

....
....
....
....
....
....
....
....

O que você pode fazer para honrar o direito das outras pessoas à felicidade?

....
....
....
....
....
....
....
....
....

De que modo você gostaria de contribuir para tornar este mundo um lugar mais feliz?

....
....
....
....
....
....
....
....
....
....

6

Uma vida alegre

Cerque-se de coisas positivas

A leveza de coração é o ponto de partida da felicidade. Pense de modo simples e positivo, seja despreocupado e esperançoso e viva com alegria. Essa prática irá despertar você para o poder da fé e para a natureza divina dentro de você.

UM CORAÇÃO REPLETO DE LUZ

Como seria nossa vida se vivêssemos sem nenhuma dificuldade, dúvida ou tristeza? Se reduzíssemos a quantidade de coisas que encaramos como problemas, seríamos mais despreocupados e viveríamos de modo mais simples e positivo, e conseguiríamos desfrutar a beleza da vida. Quando nos dedicamos a levar uma vida alegre, todas as coisas se tornam mais simples, e a raiva e a mágoa saem da nossa vida quase por completo. Somos invadidos por uma nova sensação de bem-estar quando aprendemos que temos o poder de simplesmente deixar as coisas fluírem – largando-as para trás, como uma criança que esquece as preocupações do dia depois de uma boa noite de sono.

Basta um pequeno esforço. Quando você perceber que certos pensamentos, acontecimentos e comentários dos outros ficam girando na sua mente, pode escolher deixar ir embora aqueles que não lhe servem. Mudar nosso pensamento desse modo também irá mudar nossas experiências. Ideias complexas não mais irão ficar amontoadas em nossa mente, e os fardos pesados serão substituídos por uma sensação de liberdade. A chave é sentir-se leve. É como se você tirasse os agasalhos de inverno e se vestisse com roupas de primavera. É simples assim. Inconscientemente, costumamos nos "vestir" com diferentes tipos de pensamentos pesados. Mas, se decidirmos não fazer mais isso, poderemos aliviar nosso fardo.

Visualize um riacho que flui

Viver uma vida com o coração leve significa deixar sua mente fluir como um riacho, de modo que a luz do sol cintile em sua superfície, onde antes havia escuridão. Sob a quente luz do sol, deixe que seu coração flua sem obstáculos.

1. *No seu santuário, sente-se numa posição confortável. Feche os olhos. Inspire e expire o ar lenta e profundamente até se sentir calmo.*

2. *Imagine um riacho raso, com menos de 30 cm de profundidade. Ele corre devagar, banhado pela luz suave de um sol de primavera. O leito do rio cintila em tons dourados, e delicados reflexos da luz do sol se infiltram pela superfície. Imagine a areia cintilando debaixo d'água.*

3. *Ouça o tranquilo murmurar da água. O que mais você consegue ouvir?*

4. *Sinta o cheiro do ar. Que aromas você sente?*

5. *Sinta o calor do sol em sua pele. Como se sente? Que pensamentos e sentimentos surgem em você?*

FAÇA O DOWNLOAD DA MÚSICA DE MEDITAÇÃO NO SITE IRHPRESS.COM.BR

CRIE MOMENTOS DE ALEGRIA

Encontrar alegria nas pequenas coisas irá fazer você ficar envolvido numa atmosfera de positividade. Procure aquilo que possa levantar seu astral ou dar-lhe uma injeção de energia. Tente algo simples e fácil, mas que seja novo e diferente – por exemplo, comer fora num restaurante exótico que você queria experimentar ou usar os sapatos ou as roupas que adquiriu, mas ainda não teve a chance de usar. Concentrar-se nas pequenas coisas que lhe dão alegria irá criar uma mudança duradoura e mais feliz na sua vida. Muitas vezes, são as coisas simples que têm o poder de abrir novos caminhos na nossa vida.

FAÇA OS EXERCÍCIOS DAS PÁGINAS SEGUINTES

Prazeres simples

1. *Em um local livre de quaisquer perturbações, sente-se numa posição confortável, com as mãos apoiadas sobre os joelhos e as palmas voltadas para cima.*

2. *Feche os olhos. Concentre sua atenção na respiração. Inspire profundamente pelo nariz, preenchendo o peito e o abdome. Em seguida, solte o ar lentamente pela boca. Repita esse processo várias vezes, até se sentir completamente relaxado e calmo.*

3. *Quando se sentir tranquilo, reflita sobre os diferentes momentos do seu dia, procurando encontrar alegria em cada um deles. Comece revendo como se sentiu ao acordar hoje cedo. Como foi o seu café da manhã? Como foi seu encontro com as pessoas? Chegou a cumprimentá-las?*

4. *Seu dia no trabalho foi gratificante? Ao voltar para casa, teve algum momento de tranquilidade? Procure descobrir o sentimento de alegria nas menores coisas, como "ser capaz de respirar" ou "ter tido uma boa noite de sono".*

FAÇA O DOWNLOAD DA MÚSICA DE MEDITAÇÃO NO SITE IRHPRESS.COM.BR

Descubra uma coisa boa a cada dia

Para viver com alegria, comece descobrindo algo de bom em cada dia da sua vida. Muitas pessoas adotam como lema: "Faça uma boa ação todos os dias". Mas, mesmo que você não possa fazer uma boa ação, o simples fato de descobrir diariamente uma coisa boa na sua vida já será um enorme avanço no caminho para a felicidade.

Qual foi uma coisa boa que lhe aconteceu hoje? De que modo isso tornou sua vida mais feliz?

....
....
....
....

Repita essa prática por um período de sete dias e anote as alegrias que descobriu.

DIA 1

DATA:

....
....
....

DIA 2

DATA:

....
....
....
....
....

DIA 3

DATA:

....
....
....
....
....

DIA 4

DATA:

....
....
....
....

DIA 5

DATA:

....
....
....
....
....

DIA 6

DATA:

....
....
....
....
....

DIA 7

DATA:

....
....
....
....
....

CONCEDA A DÁDIVA DE UM SORRISO

O sorriso é uma das dádivas mais simples da compaixão. É um momento de conexão, em que compartilhamos alegria e calor. Sorrir nos faz sentir melhor, portanto não é surpresa que também nos deixe com aparência mais bonita e atraia mais felicidade para nós. Quando sorrimos, emitimos vibrações suaves, calorosas e liberamos a tensão do corpo, deixando-nos abertos para receber mais luz celestial.

O sorriso é um presente que podemos compartilhar livremente com os entes queridos e até com desconhecidos. Quanto mais compartilharmos nosso sorriso com os outros, mais alegria levaremos a eles. Pratique sorrir: o sorriso é algo que temos o poder de criar. Não fazemos ideia das dificuldades e dores que as pessoas à nossa volta estão tendo – tudo o que conseguimos ver é quando elas não conseguem corresponder. Os momentos em que passamos por provações são oportunidades ideais para testar se somos capazes de passar de uma aparência negativa para uma positiva, compartilhando a compaixão do nosso sorriso. E quando sorrimos, também somos recompensados – com os sentimentos de ânimo e alegria que o sorriso proporciona.

A prática de compartilhar o sorriso não significa que devemos fingir para esconder nossos verdadeiros sentimentos, mas descobrir alegria e beleza naquilo que temos à nossa volta. Esforçar-nos para compartilhar um sorriso nos dá imediatamente o poder de levantar o astral dos outros e, como recompensa, também de aumentar nossa própria felicidade.

Um dos segredos de viver feliz é sorrir com frequência. Um sorriso é realmente uma oferenda de compaixão e conexão que podemos facilmente dividir com todos à nossa volta. E quanto mais partilharmos essa dádiva, melhor o nosso mundo irá se tornar.

FAÇA OS EXERCÍCIOS DAS PÁGINAS SEGUINTES

O poder do sorriso

Sente-se diante de um espelho e sorria. Tente não forçar o sorriso – faça-o do modo mais natural possível. Descubra qual a melhor expressão facial que você pode fazer ao sorrir. Como você se sentiu?

....
....
....
....
....
....

Pense em algo de profunda compaixão e bondade para dizer à pessoa que você vê no espelho ("Puxa, como você é bonito(a)", "Eu te amo muito" etc.). Pratique isso de forma séria. Se tiver bondade para consigo mesmo, ela irá induzir seu sorriso natural. Anote abaixo o que você disse que o levou a sorrir.

....
....
....
....
....
....
....

Faça uma lista dos lugares e pessoas com os quais você poderia compartilhar mais sorrisos. No restaurante? No trabalho? No supermercado? Na escola? Anote algumas pessoas em cujos olhos você tem perdido a oportunidade de olhar e sorrir.

PESSOAS	LUGARES

PENSE POSITIVO

O segredo para o sucesso e a felicidade é plantar as sementes certas em nossa mente e ajudá-las a crescer. Ao fazer isso, damos rumo à nossa vida – ficamos voltados para os nossos sonhos, metas e aspirações. Plantar sementes é uma maneira de dizer a nós mesmos onde nosso destino está e como chegaremos lá sem nos desviarmos ou nos perdermos no caminho. O segredo é simples – quando estamos preenchidos por pensamentos positivos, coisas boas e pessoas boas surgem à nossa volta. Todos enfrentamos o excitante desafio de usar nosso poder do pensamento positivo para criar uma vida maravilhosa. O truque é estarmos atentos aos pensamentos que circulam pela nossa mente ao longo do dia. Por mais simples que possa parecer, essa prática nos ajuda a passar conscientemente do estado negativo para o positivo. É tão fácil quanto parece. Basta substituir um pensamento negativo sobre determinado assunto por outro positivo ligado ao mesmo tema.

Quais são os pensamentos negativos que vêm à sua mente com maior frequência? Se queremos romper o hábito de permanecer por longos períodos com pensamentos pessimistas, negativos ou que envolvam julgamentos, precisamos praticar com regularidade o descarte daquilo que não nos serve. Quando tiver um pensamento negativo, tente substituí-lo por um positivo.

Se estiver tendo problemas no trabalho e não conseguir parar de pensar negativamente a respeito dessa questão, mude seu enfoque: pense no prazer que sente em casa ou fora do trabalho, e fale aos outros sobre esses bons momentos. Concentre-se na lista das coisas que lhe dão alegria, mesmo que pareçam insignificantes. Nossa capacidade de atrair felicidade está diretamente relacionada com o tempo que reservamos para pensamentos positivos.

Todos temos pensamentos positivos, mas tendemos a não perceber isso. Quanto mais voltarmos nossas energias para cultivar uma atitude positiva, mais fácil será tirar os pensamentos negativos da nossa mente. E quanto mais nos tornarmos positivos, mais veremos coisas boas ocorrendo à nossa volta. Quando estamos preenchidos por energia positiva, sobra pouco espaço na vida para qualquer outra coisa.

FAÇA OS EXERCÍCIOS DAS PÁGINAS SEGUINTES

Substitua os pensamentos negativos por alegria

Faça uma lista dos pensamentos negativos que ficam se repetindo em sua mente. Tornar-se consciente desses pensamentos vai ajudar você a interrompê-los assim que eles surgirem. Em seguida, avalie quais pensamentos positivos você pode usar para substituir os negativos.

PENSAMENTO NEGATIVO	SUBSTITUÍDO POR	PENSAMENTO POSITIVO
Tive um dia péssimo no trabalho.	→	Vou passar um tempo delicioso relaxando em casa.
	→	
	→	
	→	
	→	
	→	
	→	
	→	

UMA VIDA ALEGRE

Encontre sementes de felicidade ao seu redor. Faça uma lista das coisas que o deixam feliz.

-
-
-
-
-
-
-
-
-
-
-
-
-
-
-
-
-
-
-
-
-

Orientação do anjo

Às vezes, certos pensamentos negativos parecem surgir do nada. Mas eles só conseguem permanecer se tivermos escassez de pensamentos positivos. Do mesmo modo como acendemos a luz para acabar com a escuridão, podemos praticar "acender a luz" dos pensamentos positivos, para que eles expulsem da nossa mente qualquer pensamento negativo que eventualmente apareça.

USE PALAVRAS POSITIVAS

As palavras são uma energia invisível que tem o poder de levantar ou derrubar nosso ânimo. Quando estamos aflitos ou desesperados, surgem palavras pessimistas, sem nos darmos conta. Podemos honrar nosso "verdadeiro eu" evitando pronunciar palavras pessimistas ou negativas, que envenenam nosso coração, e, em vez disso, falar sobre algo que nos deixe felizes. Optar por palavras positivas é optar pelo amor – pelos outros e por nós. Toda vez que falamos, estamos ouvindo aquilo que dizemos e gravando em nossa mente os padrões das nossas palavras.

As palavras que dizemos também chegam ao coração dos outros, criando ondas de felicidade ou infelicidade. Como as palavras mudam a maneira como vemos a nós mesmos e nos comunicamos com os outros, um dos segredos da felicidade é escolher palavras positivas e construtivas.

Nossa alegria aumenta quando a compartilhamos com os outros. Quanto maior o número de pessoas com quem você compartilhar sua alegria, mais feliz será. À medida que seu círculo de felicidade crescer, sua alegria se tornará ainda mais autêntica.

FAÇA OS EXERCÍCIOS DAS PÁGINAS SEGUINTES

Compartilhe as coisas boas

Quando compartilhamos coisas boas de nossa vida, nós nos sentimos melhor, e também as pessoas à nossa volta.

Conte às pessoas que você conhece sobre as coisas boas que têm ocorrido na sua vida nos últimos sete dias. Escreva como você se sentiu quando compartilhou essas coisas boas com os outros.

Eu compartilhei ....
....
....
....
....
....

com ....
....

e me senti ....
....
....
....
....
....

Pergunte às pessoas que você conhece sobre as coisas boas que têm acontecido com elas. Então, escreva o que elas lhe contaram e como isso fez você se sentir.

Elas compartilharam ....
....
....
....
....
....
....

comigo, e me senti ....
....
....
....
....
....
....
....
....
....
....
....
....

REFLITA SUA FELICIDADE NOS OUTROS

Ninguém a não ser você é responsável por manifestar uma autoimagem sua positiva. Muitas vezes, nossos piores e mais críticos pensamentos são os que se referem a nós mesmos. Quando ficamos facilmente magoados com os comentários dos outros, é porque nosso ego – nosso pequeno e inseguro eu – fez com que nosso poder vazasse para a outra pessoa, de modo que a crítica dela tornou-se mais importante para nós do que nossa própria verdade interior. Podemos deixar que essas observações magoem nosso coração ou não lhes dar importância, encontrando assim paz interior. Lembre-se sempre de cultivar uma imagem brilhante e construtiva de si mesmo, e fazer essa imagem se refletir em suas ações.

Mesmo quando você está repleto de felicidade, há pessoas infelizes que podem jogar um balde de água fria em você e estragar tudo. Talvez encontre pessoas que o provoquem ou critiquem, causando angústia e mágoa. Apenas tentar não se deixar influenciar por elas ou procurar evitá-las por completo não vai levá-lo à felicidade.

O que importa não é o que acontece, mas como podemos transformar cada evento em uma semente para a nossa felicidade, uma lição que pode contribuir para a nossa riqueza e crescimento espiritual. Mesmo que alguém nos critique por nossas falhas, ainda podemos extrair lições valiosas acerca de como os outros nos veem; podemos aprender a refletir sobre nossas atitudes; e aceitar a crítica e deixar as coisas fluírem. Quando praticamos reagir à vida dessa maneira, sentimo-nos gratos pelas lições aprendidas, até mesmo com as experiências desagradáveis.

A chave é mudar o foco: em vez de tentar reduzir o número de pessoas infelizes em sua vida, procure aumentar o número de pessoas felizes no seu círculo de relacionamentos. Desse modo, você irá preencher sua vida com mais gente que o entende, apoia e incentiva. Mantenha no fundo do seu coração um desejo sério e intenso de criar o maior número possível de pessoas felizes à sua volta, que irão segui-lo nesse caminho de expandir o círculo virtuoso da felicidade.

Verdade feliz

Nós, seres humanos, não podemos sobreviver sozinhos, mas nos tornamos bem-sucedidos em comunidades. Se você mantém sua felicidade somente para si, é como se fosse uma única flor num vaso: pode ser algo bonito, mas é solitário. Ajudar as flores dos outros a desabrochar não só lhe dará maior alegria e felicidade como também deixará o mundo mais bonito, como um campo em plena floração.

ACREDITAR: O PRIMEIRO PASSO PARA UM AMANHÃ MELHOR

Acreditar que amanhã será um dia melhor é a forma mais simples de fé. Os pensamentos positivos irão provocar mudanças em nossa aparência e em nosso humor. Em períodos difíceis, podemos definir nossa própria perspectiva repetindo um pensamento afirmativo, declarando-o como um fato – por exemplo: "Eu sou a força divina que me guia no processo de tornar minha vida melhor" ou "Eu sou o amor divino que faz minha vida ficar melhor a cada dia". Afirmações como essas condicionam sua mente a pensar de maneira positiva, e esse condicionamento faz sua vida brilhar mais intensamente. Ficar preocupado, pensando que as coisas podem piorar, não traz nada de útil, nem ficar ligado a pensamentos negativos, que nos mantêm presos ao passado. Lembre-se: cada experiência, ruim ou boa, nos ensina alguma coisa, e isso nos permite desfrutar melhor a beleza do dia de hoje.

Imagine o mundo inteiro repleto de pessoas acreditando que hoje é melhor do que ontem e que amanhã será ainda melhor. A energia e o rosto de todos com quem entrássemos em contato iriam mudar para melhor. Poderíamos viver na alegria, enxergar bondade nos olhos dos outros e irradiar felicidade a partir do nosso interior. Parece simples, mas ter uma atitude positiva é realmente uma das maneiras mais fáceis e poderosas de mudar tudo na nossa vida.

Nossa mente tem o poder de criar o que pensamos; portanto, gravar imagens positivas na sua mente pode colocar sua vida em uma direção positiva. Você pode também influenciar os outros para que pensem mais positivamente. Quando vir alguém com um humor ruim, poderá lhe dizer: "Por que não acreditar que hoje é melhor do que ontem e que amanhã será melhor do que hoje? A chuva não vai cair para sempre; o sol vai voltar a brilhar algum dia. Talvez você esteja péssimo nesse momento, mas essas emoções negativas acabarão indo embora, e então você se sentirá feliz de novo. Tudo vai melhorar se você simplesmente acreditar".

Uma pessoa feliz acredita num futuro brilhante e está convencida de que a vida só pode melhorar. As coisas só melhoram de fato quando acreditamos. Podemos criar um futuro melhor e até um mundo melhor quando cada um de nós acredita estar melhorando a cada dia.

AMPLIE AS FRONTEIRAS DA SUA VIDA

Quando acordamos de manhã sentindo-nos renovados e motivados, livres de medos e cheios de energia positiva, estamos prontos para compartilhar nossas dádivas e energia com todas as pessoas à nossa volta. E dessa maneira simples, contribuímos para aumentar a felicidade no mundo.

Não existem condições externas para a felicidade. Não precisamos de notas, diplomas ou itens materiais específicos para sermos felizes. A felicidade é, na realidade, "oportunidades iguais" – abertas a todos. Podemos começar a levar uma vida plena e significativa não importa o lugar que ocupamos nela. Tudo o que precisamos fazer é convencer nossa mente a abrir um novo caminho e seguir adiante com coragem. Só você, ninguém mais, pode ampliar as fronteiras da sua vida.

Algum dia, nossa vida física irá terminar, mas nossa alma seguirá em frente. O que será do nosso futuro depende de como tivermos vivido nossa vida e daquilo que tivermos aprendido. As décadas de vida que você tem pela frente neste mundo irão determinar como será sua próxima vida. Neste exato momento, você tem o poder de transformar cada dia em um dia cintilante e dourado, e abrir um futuro brilhante para você, aqui e no mundo que existe além deste.

7

Sonhos e metas
As chaves para aumentar seu potencial

Com persistência, temos o poder de realizar nossos sonhos. Você pode criar um futuro feliz para si mesmo se continuar pensando sempre de forma positiva e visualizar seu verdadeiro eu manifestado no presente.

VISUALIZE E, ENTÃO, REALIZE SEU EU IDEAL

Com o tempo, acabamos nos tornando a pessoa que achamos ser. Temos infinitas possibilidades de manifestar uma vida feliz para nós criando a autoimagem que quisermos. Nossa vida imita e se modela a si mesma segundo o que idealizamos. Se fizermos uma prática regular de visualização, imaginando que estamos nos comportando de modo corajoso em situações nas quais normalmente nos mostraríamos submissos, veremos uma mudança. Se você costuma pensar em algum evento negativo que ocorreu no passado, como um erro que cometeu, talvez esteja fazendo com que o passado o impeça de ser positivo no presente. Pode ser que tenha tanto medo de cometer outro erro que isso mantenha a felicidade fora do seu alcance. Portanto, aqueles que costumam pensar de modo negativo, o melhor que têm a fazer é usar a visualização para substituir a imagem mental de seu erro por uma visão de si mesmos agindo positivamente. Podemos projetar nossa vida e nos moldar como as pessoas construtivas e felizes que queremos ser.

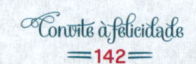

 É possível trazer nossos sonhos para mais perto da realidade imaginando repetidamente nossos ideais mais profundos e mantendo-os em nossa mente. É comum deixarmos nossos ideais no inconsciente, mas quando os trazemos com frequência para nossa imaginação consciente, eles se concretizam. Temos o poder de persistir visualizando quem queremos ser, e isso é um sinal de que podemos ter os dons de que precisamos para concretizar nossa visão. Todos nascemos com capacidades e disposições únicas, que nos permitem alcançar as metas que nascemos para conquistar. Se não tivéssemos o potencial de alcançar nossas metas, acharíamos muito difícil continuar a visualizá-las. Mas se, ao contrário, sentirmos dificuldade em visualizar alguns dos nossos ideais, talvez isso seja um sinal de que eles não são os melhores para nós. Os sonhos que continuamos sonhando são aqueles que criam nossas metas e nosso destino na vida.

Orientação do anjo

É impossível para a mente humana pensar em duas coisas diferentes ao mesmo tempo. Se você perceber pensamentos negativos aflorando com tanta frequência que está se tornando difícil evitá-los, preencha sua mente com a visualização de ações construtivas que você planeja realizar e com imagens de uma vida feliz e maravilhosa. Permita que essas imagens se tornem um poderoso escudo contra o pensamento negativo.

DEFINA METAS. FAÇA PLANOS. CRIE O PROJETO DA SUA VIDA.

Nossos pensamentos são como um projeto, uma planta da nossa vida. Eles têm o enorme poder físico de afetar nosso futuro. Mesmo quando não nos damos conta dos nossos pensamentos, subconscientemente eles estão sempre influenciando nosso caminho. Desse modo, cada um dos nossos pensamentos é como uma criança que, depois que nasce, começa a exercitar seu poder criativo e ganha vida própria. Por isso é tão fundamental que você escolha seus pensamentos com muito cuidado. Como ocorre no planejamento de uma casa, nossos pensamentos devem ser projetados com muita cautela e clareza. Uma visão nítida das nossas intenções atrai pessoas que estão interessadas em nossos sonhos e são capazes de apoiá-los. Se explicamos repetidas vezes a várias pessoas como será a aparência do nosso edifício, o local onde planejamos erguê-lo e qual será sua finalidade, aqueles que não estiverem interessados nisso simplesmente não vão dar atenção e seguirão seu caminho, mas quem estiver interessado irá achar a ideia fascinante. Se o seu edifício, por exemplo, destina-se a abrigar uma fábrica de tapetes persas, uma designer de interiores pode ficar atraída por isso e até chegar a oferecer ajuda. Ela também irá compartilhar sua ideia com os amigos, e eles podem também se oferecer para colaborar. Definir metas com clareza é uma ação poderosa: estabelece seu próprio foco e cativa a imaginação de outras pessoas que pensam de modo similar, e essas duas coisas aumentam as possibilidades de que seu sonho tome forma.

FAÇA OS EXERCÍCIOS DAS PÁGINAS SEGUINTES

Visualize seu sonho

Nossos anjos guardiões sabem de tudo o que pensamos. Por isso, quando visualizamos com muita intensidade um futuro possível na nossa imaginação, isso chega até eles.

1. *Em um local onde se sinta bem e livre de quaisquer perturbações, sente-se numa posição confortável, com as mãos apoiadas sobre os joelhos e as palmas voltadas para cima.*

2. *Feche os olhos; inspire e expire lentamente. Concentre-se na respiração: inspire profundamente pelo nariz, preenchendo o peito e visualizando o ar chegar até a parte inferior do abdome. Depois exale devagar, tranquilamente, soltando o ar pela boca.*

3. *Pratique a visualização de imagens claras dos sonhos que você pretende realizar.*

4. *Junte as mãos em oração e peça ao seu anjo interior para ajudar a realizá-los quando chegar a hora certa.*

FAÇA O DOWNLOAD DA MÚSICA DE MEDITAÇÃO NO SITE IRHPRESS.COM.BR

Projete sua vida

Escreva ou desenhe, em uma folha de papel, sua visão dos sonhos e metas que pretende realizar. Faça isso de modo bem claro e definido, para expressar bem o que você quer alcançar durante o tempo de vida de que ainda dispõe neste mundo.

DICAS

* *Certifique-se de que sua visão seja coerente com seu verdadeiro eu e suas honestas intenções.*
* *Mantenha essa sua visão clara e descritiva.*
* *Escreva no presente do indicativo, como se sua visão estivesse ocorrendo agora. Acredite que ela está se tornando realidade neste exato momento.*

Como é a visão da vida que gostaria de ter nos próximos .... anos?

Tenho .... anos de idade.
Moro em ....
Gosto de ....
Eu me tornei ....
Tive experiências em ....
Consegui realizar ....
Tenho contribuído com ....
Tenho a esperança de ....
....

Quando terminar, feche os olhos e visualize o que escreveu acontecendo neste exato momento, no presente.

Onde você se vê daqui a uns .... anos?

Espiritual

-
-
-
-
-
-
-
-
-

Pessoal

-
-
-
-
-
-
-
-

Carreira

-
-
-
-
-
-
-
-
-
-
-
-

Saúde

-
-
-
-
-
-
-
-
-
-

UMA META, INCONTÁVEIS MANEIRAS DE ALCANÇÁ-LA

Quando encontramos obstáculos, nos sentimos desencorajados para alcançar nossas metas. A dificuldade aumenta quando ficamos presos a algum caminho específico para nossa meta, achando que é o único possível. Na verdade, há infinitas rotas possíveis para chegar ao nosso destino. A jornada para a realização é como o desafio estimulante de um jogo: consiste em traçar estratégias, combinando diferentes possibilidades e procurando alternativas para contornar as peças que surgem ao longo do percurso. As possibilidades são ilimitadas e, se continuarmos procurando, acharemos sempre novos caminhos criativos para alcançar nosso destino. Sempre temos a liberdade, o privilégio e a responsabilidade de fazer as melhores escolhas possíveis, não importa o que estiver bloqueando nossa passagem.

Quando o caminho que tomamos está bloqueado, temos sempre dois planos básicos alternativos para escolher e realizar nossos sonhos: desviar e pegar uma rota completamente nova ou voltar e recomeçar do início. As duas opções nos permitem partir para um recomeço mais forte, criando um novo plano de vida ou atualizando o que já temos.

FAÇA OS EXERCÍCIOS DAS PÁGINAS SEGUINTES

Orientação do anjo

Em momentos difíceis, o tempo e o esforço irão operar sua magia para mudar e melhorar a situação. Os períodos difíceis da vida geralmente não duram mais que um ano. Tenha paciência e persevere, e o tempo abrirá um caminho para você. No devido momento, as lutas dentro da sua mente irão se dissolver, e você sentirá uma nova esperança nascendo em seu coração. Ajuda e bondade irão aparecer onde antes havia apenas obstáculos.

Crie um plano de vida

Anote quais são seus objetivos na vida: os de curto, médio e longo prazo. Se você ainda não está pronto para criar um plano de vida, é igualmente eficaz começar a escrever metas nas quais possa trabalhar de imediato, no futuro próximo e no futuro mais distante. Certifique-se de que cada meta está em real sintonia com o verdadeiro eu que você descobriu no capítulo 1.

Metas a longo prazo

No ano de .... (daqui a 10 anos), eu terei alcançado as seguintes metas:

* ....
* ....
* ....
* ....
* ....
* ....
* ....
* ....
* ....
* ....
* ....
* ....

Metas a médio prazo

Para poder alcançar estas metas em 10 anos, vou adotar as seguintes medidas nos próximos 5 anos:

*
*
*
*
*
*
*
*
*
*
*
*
*
*
*
*
*
*
*
*
*
*
*

Metas a curto prazo

Para poder cumprir minhas metas de 5 anos, durante o próximo ano vou fazer o seguinte:

* ....
* ....
* ....
* ....
* ....
* ....
* ....
* ....
* ....
* ....

Metas imediatas

Estas são as coisas que posso fazer hoje para alcançar as metas do meu primeiro ano:

* ....
* ....
* ....
* ....
* ....
* ....
* ....
* ....
* ....

TORNE SEUS SONHOS REALIDADE

Alcançar metas e realizar sonhos é uma parte importante para uma vida feliz. Todos fazemos o possível para definir ideais elevados, baseados na boa vontade em relação à sociedade e a nós mesmos. Mas às vezes ficamos perdidos, não conseguimos enxergar a estrada à frente e sofremos com a incerteza. Todos passamos por períodos em que não temos clareza sobre quais deveriam ser nossas aspirações ou para onde estamos indo na vida. Se você acha que está num beco sem saída, não sabe para onde ir ou se sente derrotado ou sobrecarregado, lembre-se de que a oração é uma ferramenta poderosa, sempre disponível. A oração é uma dádiva que foi dada a todos como nossa primeira e derradeira maneira de realizar nossos desejos sagrados. Se nossas orações forem puras e de coração, os seres celestiais irão ouvi-las. E, se precisamos da ajuda de outras pessoas para realizarmos nossos sonhos, podemos juntar nosso coração ao de nossos amigos e orar juntos.

Para manifestar nossos desejos, devemos colocar nossa mente neles e manter o foco. É importante, quando orar, livrar sua mente de apegos negativos às coisas físicas e deste mundo material. Portanto, antes de orar, certifique-se de refletir sobre suas intenções e veja se elas estão de acordo com um objetivo puro. Pergunte a si mesmo: "Minha oração demonstra compaixão comigo mesmo, com os outros e com o mundo?" Desse modo, você vai garantir que suas orações venham do seu verdadeiro eu, e vai desenvolver uma grande força para evitar apegos doentios.

Quanto mais tempo você empregar visualizando suas orações com todos os detalhes, maior a probabilidade de que elas se manifestem. Quando você fecha os olhos e se concentra em silêncio, vendo seu sonho se desenrolar de maneira vívida na tela da sua mente, como se já fosse real, você grava a imagem no seu corpo e na sua mente. A chave para tornar seus sonhos reais é nunca duvidar de que eles já são uma realidade.

Uma última ferramenta para concretizar seus ideais é confiar no mundo celestial. Os desejos que produzimos no nosso coração alcançam o outro mundo instantaneamente. Os seres celestiais no outro mundo estão sempre ajudando a tornar o nosso mundo um lugar melhor para se viver. Quando nossas metas se alinham com o seu propósito, nossos anjos guardiões e espíritos guia nos dão apoio. As orações trazem até nós sua ajuda e proteção. E quanto maior for a clareza com que você expressa seus desejos, mais seu anjo interior poderá lhe dar o apoio de que realmente precisa. Portanto, depois de definir suas intenções e de agir com base nelas, o próximo passo é fazer uma prática regular de render-se à orientação dos seres celestiais. Se você parte de um propósito puro e realiza ações diárias para alcançar suas metas, um caminho de avanço irá se abrir naturalmente e você andará na direção correta. Paciência e esforço são a chave. Quando suas orações forem atendidas, você deverá aceitar isso com um coração humilde e expressar sua gratidão a todos os seres celestiais que o ajudaram. Então, poderá de novo pedir o apoio deles, a fim de perseverar na direção de um maior crescimento e contribuição.

Escreva uma oração para seu anjo interior

Seu anjo interior guia você para aquilo que é melhor para a sua vida, protege-o contra as coisas que não lhe servem e o orienta no decorrer da vida. Quando você realiza alguma ação por uma causa nobre ou movido por um ideal elevado, seu anjo é a força que o está conduzindo por trás disso. Guiado por essa sabedoria mais elevada, você consegue cumprir as grandes missões para as quais é chamado na vida.

Uma oração para os sonhos

Quem você gostaria de ser? Como gostaria de escrever a história da sua vida? De que maneiras você seria capaz de oferecer ao mundo mais humildade, bondade e gratidão?

Responda às seguintes questões, anotando-as nos espaços abaixo, e depois leia as respostas. Com essa leitura, você cria uma longa oração para realizar seus sonhos e objetivos.

Escolha uma de suas metas principais do exercício "Crie um plano de vida" e escreva uma oração ao seu anjo interior pedindo ajuda ou orientação para alcançá-la.

Querido anjo interior,

Minha meta é ....
....
....
....
....
....
....

Qual é seu plano de ação para conseguir concretizar sua meta?

Meu plano de ação é ....

....

....

....

....

....

....

....

....

....

....

....

....

....

....

....

....

....

....

....

....

....

ESCREVA UMA ORAÇÃO PARA SEU ANJO INTERIOR

Que afirmações "ativas" do tipo: "Eu sou…" você pode fazer para estabelecer um padrão mental sobre o ponto do caminho em que está, rumo à sua meta? Por exemplo: "Eu sou bem-sucedido no processo de…", "Sou a força divina que me conduz no trabalho para…" ou "Eu sou orientado por meu anjo interior para tornar/ganhar/aprender…"

Eu sou ....
....
....
....
....
....
....
....
....
....
....
....
....
....
....
....

Que práticas você pode adotar para ajudar na concretização da sua meta? Por exemplo, você faria uma lista das coisas que as pessoas poderiam fazer para apoiá-lo? Como você praticaria todos os dias algum tipo de visualização, oração ou ação? Descreva suas práticas e ações da maneira mais detalhada possível.

Para ajudar a concretizar minha meta, vou ....

....
....
....
....
....
....
....
....
....
....
....
....
....
....
....
....

ESCREVA UMA ORAÇÃO PARA SEU ANJO INTERIOR

Como você poderia incorporar sua intenção no seu dia a dia? Por exemplo, você irá praticar a visualização diariamente ou apenas uma vez por semana? Onde, quando e com que frequência pretende fazer isso? Você irá rever regularmente o que escreveu em seu diário a respeito de suas metas, sonhos e planos de vida?

Para incorporar minha intenção ao meu dia a dia, eu vou ....
....
....
....
....
....
....
....
....
....
....
....
....
....
....

Que coisas na sua vida estão em conflito com sua meta? Que escolhas você poderia fazer para dar sustentação à sua meta em sua vida diária?

Para dar sustentação à minha meta, eu escolho ....
....
....
....
....
....
....
....
....
....
....
....
....
....
....

Minha oração de gratidão vem do meu verdadeiro eu, de um coração humilde e altruísta.

Obrigado (a), anjo que está dentro de minha alma, por ajudar a me tornar o melhor que eu posso ser.

Que mudanças positivas ocorreram com você desde que aceitou este convite para iniciar uma jornada espiritual em direção a um eu mais feliz?

ESCREVA UMA ORAÇÃO PARA SEU ANJO INTERIOR

Referências

A seguir, uma lista dos livros escritos por Ryuho Okawa dos quais extraiu-se parte dos ensinamentos transmitidos no livro *Convite à felicidade* e que estão disponíveis no Brasil.

A Mente Inabalável: *Como Superar as Dificuldades da Vida*

Mude sua Vida, Mude o Mundo: *Um Guia Espiritual para Viver Agora*

Pensamento Vencedor: *Estratégias para Transformar o Fracasso em Sucesso*

As Leis da Felicidade: *Os Quatro Princípios que Trazem a Felicidade*

As Leis da Perseverança: *Como Romper os Dogmas da Sociedade e Superar as Fases Difíceis da Vida*

As Leis do Sol: *A Gênese e o Plano de Deus*

Ame, Nutra e Perdoe: *Um Guia Capaz de Iluminar sua Vida*

As Chaves da Felicidade: *10 Princípios para Manifestar a sua Natureza Divina*

O Ponto de Partida da Felicidade: *Um Guia Prático e Intuitivo para a Descoberta do Amor, da Sabedoria e da Fé*

As Leis da Eternidade: *Desvendando as Dimensões do Universo.*

Visite o site **okawabooks.com** *para obter informações atualizadas sobre o trabalho e os livros de Ryuho Okawa.*

Sobre o autor

O MESTRE RYUHO OKAWA é um famoso pensador, líder espiritual e religioso, que transmite os ensinamentos espirituais de forma prática e simples. Seu objetivo é ajudar as pessoas a encontrar a verdadeira felicidade e criar um mundo melhor. Seus livros tornaram-se best-sellers por mais de 20 anos consecutivos no Japão e já venderam mais de 100 milhões de exemplares no mundo todo, tendo sido traduzidos para 27 línguas. Seus ensinamentos tratam de questões vitais da mente e do espírito no âmbito do mundo moderno, ajudando as pessoas a compreender como funcionam os pensamentos e sua influência na vida cotidiana familiar e profissional, ensinando desde o amor até os níveis elevados de iluminação.

Em 1986, Okawa fundou o movimento espiritual da Happy Science, dedicado a levar felicidade à humanidade, transmitindo a verdade de diversas religiões e culturas para que convivam em harmonia. A Happy Science cresceu rapidamente desde sua fundação no Japão e se transformou em uma organização mundial. Os seminários espirituais que a Happy Science oferece são abertos às pessoas de todas as fés religiosas e de todos os caminhos de vida, e têm por base os princípios fundamentais da felicidade que inspiraram o despertar espiritual do próprio mestre. Ryuho Okawa está compassivamente comprometido com o crescimento espiritual de todas as pessoas, mesmo não sendo seguidoras de seus ensinamentos; por isso, além de escrever e publicar livros, ministra muitas palestras ao redor do mundo.

Sobre a Happy Science

A Happy Science é um movimento espiritual global que orienta as pessoas para que encontrem sua missão de vida e sejam felizes, compartilhando essa felicidade com suas famílias, a sociedade e o mundo. Com mais de 20 milhões de membros em todo o mundo, a Happy Science tem como meta aumentar o conhecimento das verdades espirituais e expandir a nossa capacidade de amar, a compaixão e a alegria, para que juntos possamos criar um mundo ideal onde todos possamos viver felizes e em harmonia.

As atividades na Happy Science baseiam-se nos Princípios da Felicidade (Amor, Conhecimento, Autorreflexão e Desenvolvimento). Esses princípios englobam filosofias e crenças disseminadas em escala mundial, transcendendo os limites de culturas e religiões.

O amor ensina a nos doarmos livremente, sem a expectativa de obtermos algo em troca; e compreende os estágios de dar, nutrir e perdoar.

O conhecimento nos leva aos vislumbres das verdades e compreensão das leis espirituais, abrindo-nos o portal para o verdadeiro sentido da vida e da vontade de Deus, o Buda Primordial que é o poder mais elevado e abrange todo o universo.

A autorreflexão coloca nossos pensamentos e ações sob uma lente de atenção concentrada e de não julgamento, para nos ajudar a descobrir nosso verdadeiro eu – a essência de nossa alma. A autorreflexão aprofunda nossa conexão com o poder mais elevado, Deus ou Buda. Ela nos ajuda a obter uma mente límpida e pacífica e nos conduz para o caminho de vida correto.

O desenvolvimento enfatiza os aspectos positivos e dinâmicos do nosso crescimento espiritual – ações que podemos tomar para manifestar e disseminar a felicidade e o progresso ao redor do mundo. É um caminho que não só expande o crescimento da nossa alma, mas também incrementa o potencial coletivo do mundo em que vivemos.

Programas e eventos

As portas da Happy Science estão sempre abertas às pessoas de todos os credos e linhas espirituais. Oferecemos uma variedade de programas e eventos, inclusive programas de autoexploração e autocrescimento, palestras, seminários espirituais, cursos, sessões de meditação e contemplação, grupos de estudos e eventos relacionados com livros.

Nossos programas têm por objetivo:

* Aprofundar sua compreensão do seu propósito e do sentido da vida;
* Aprimorar seus relacionamentos e aumentar sua capacidade de amar incondicionalmente;
* Proporcionar-lhe paz de espírito, diminuir sua ansiedade e estresse e fazê-lo sentir-se positivo;
* Fazer você obter vislumbres mais profundos e ampliar sua visão do mundo;
* Ensiná-lo a superar os desafios da vida;
* E muito mais!

Para informações adicionais, visite nosso site:
happyscience.com.br

Contatos

BRASIL	www.happyscience-br.org
SÃO PAULO (Matriz)	R. Domingos de Morais 1154, Vila Mariana, São Paulo, SP, CEP 04010-100 **TEL.** 55-11-5088-3800 **FAX** 5511-5088-3806, **sp@happy-science.org**
Zona Sul	R. Domingos de Morais 1154, 1º and., Vila Mariana, São Paulo, SP, CEP 04010-100 **TEL.** 55-11-5574-0054 **FAX** 5511-5574-8164, **sp_sul@happy-science.org**
Zona Leste	R. Fernão Tavares 124, Tatuapé, São Paulo, SP, CEP 03306-030 **TEL.** 55-11-2295-8500 **FAX** 5511-2295-8505, **sp_leste@happy-science.org**
Zona Oeste	R. Grauçá 77, Vila Sônia, São Paulo, SP, CEP 05626-020 **TEL.** 55-11-3061-5400, **sp_oeste@happy-science.org**
CAMPINAS	Rua Joana de Gusmão, 187, Jardim Guanabara, Campinas, SP, CEP 13073-370 **TEL.** 55-19-3255-3346
CAPÃO BONITO	Rua General Carneiro, 306, Centro, Capão Bonito, SP, CEP 18300-030 **TEL.** 55-15-3542-5576
JUNDIAÍ	Rua Congo 447, Jd. Bonfiglioli, Jundiaí, SP, CEP 13207-340 **TEL.** 55-11-4587-5952, **jundiai@happy-science.org**
LONDRINA	Av. Presidente Castelo Branco, 580, Jardim Presidente, Londrina, PR, CEP 86061-335 **TEL.** 55-43-3347-3254
SANTOS	Rua Itororó 29, Centro, Santos, SP, CEP 11010-070 **TEL.** 55-13-3219-4600, **santos@happy-science.org**
SOROCABA	Rua Dr. Álvaro Soares 195, sala 3, Centro, Sorocaba, SP, CEP 18010-190 **TEL.** 55-15-3359-1601, **sorocaba@happy-science.org**
RIO DE JANEIRO	Largo do Machado 21, sala 605, Catete, Rio de Janeiro, RJ, CEP 22221-020 **TEL.** 55-21-3689-1457, **riodejaneiro@happy-science.org**
INTERNACIONAL	www. happyscience.org
ACRA (Gana)	28 Samora Machel Street, Asylum Down, Acra, Gana **TEL.** 233-30703-1610, **ghana@happy-science.org**
AUCKLAND (Nova Zelândia)	409A Manukau Road, Epsom 1023, Auckland, Nova Zelândia **TEL.** 64-9-630-5677 **FAX** 64 9 6305676, **newzealand@happy-science.org**
BANGCOC (Tailândia)	Entre Soi 26-28, 710/4 Sukhumvit Rd., Klongton, Klongtoey, Bangcoc 10110 **TEL.** 66-2-258-5750 **FAX** 66-2-258-5749, **bangkok@happy-science.org**

Convite à felicidade

BERLIM (Alemanha)	Rheinstr. 63, 12159 Berlim, Alemanha web: http://happy-science.de/ TEL. 49-30-7895-7477 FAX 49-30-7895-7478, **germany@happy-science.org**
CINGAPURA	190 Middle Road #16-05, Fortune Centre, Cingapura 188979 TEL. 65 6837 0777/ 6837 0771 FAX 65 6837 0772, **singapore@happy-science.org**
COLOMBO (Sri Lanka)	Nº 53, Ananda Kumaraswamy Mawatha, Colombo 7, Sri Lanka TEL. 94-011-257-3739, **srilanka@happy-science.org**
DURBAN (África do Sul)	55 Cowey Road, Durban 4001, África do Sul TEL. 031-2071217 FAX 031-2076765, **southafrica@happy-science.org**
FINLÂNDIA	**finland@happy-science.org**
FLÓRIDA (EUA)	12208 N 56th St., Temple Terrace, Flórida, EUA 33617 TEL. 813-914-7771 FAX 813-914-7710, **florida@happy-science.org**
HONG KONG	Unit A, 3/F-A Redana Centre, 25 Yiu Wa Street, Causeway Bay TEL. 85-2-2891-1963, **hongkong@happy-science.org**
HONOLULU (EUA)	1221 Kapiolani Blvd, Suite 920, Honolulu, Havaí 96814, EUA TEL. 1-808-591-9772 FAX 1-808-591-9776, **hi@happy-science.org, www.happyscience-hi.org**
KAMPALA (Uganda)	Plot 17 Old Kampala Road, Kampala, Uganda P.O. Box 34130, TEL. 256-78-4728601 **uganda@happy-science.org**, **www.happyscience -uganda.org**
KATMANDU (Nepal)	Kathmandu Metropolitan City, Ward No-9, Gaushala, Surya Bikram Gynwali Marga, House No. 1941, Katmandu TEL. 977-0144-71506, **nepal@happy-science.org**
LAGOS (Nigéria)	1st Floor, 2A Makinde Street, Alausa, Ikeja, off Awolowo Way, Ikeja-Lagos State, Nigéria, TEL. 234-805580-2790, **nigeria@happy-science.org**
LIMA (Peru)	Av. Olavegoya 1868, Jesús María, Lima, Peru, TEL. 51-1-2652676, **peru@happy-science.org, www.happyscience.jp/sp**
LONDRES (GBR)	3 Margaret Street, London W1W 8RE, Grã-Bretanha TEL. 44-20-7323-9255 FAX 44-20-7323-9344 **eu@happy-science.org, www.happyscience-eu.org**
LOS ANGELES (EUA)	1590 E. Del Mar Blvd., Pasadena, CA 91106, EUA, TEL. 1-626-395-7775 FAX 1-626-395-7776, **la@happy-science.org, www.happyscience-la.org**

MANILA (Filipinas)	Gold Loop Tower A 701, Escriva Drive Ortigas Center Pasig City 1605, Metro Manila, Filipinas, **TEL.** 09472784413, **philippines@happy-science.org**
MÉXICO	Av. Insurgentes Sur 1443, Col, Insurgentes Mixcoac, México 03920, D.F. **mexico@happy-science.org, www.happyscience.jp/sp**
NOVA DÉLI (Índia)	314-319, Aggarwal Square Plaza, Plot-8, Pocket-7, Sector-12, Dwarka, Nova Déli-7S, Índia **TEL.** 91-11-4511-8226, **newdelhi@happy-science.org**
NOVA YORK (EUA)	79 Franklin Street, Nova York 10013, EUA, **TEL.** 1-212-343-7972 **FAX** 1-212-343-7973, **ny@happy-science.org, www.happyscience-ny.org**
PARIS (França)	56, rue Fondary 75015 Paris, França **TEL.** 33-9-5040-1110 **FAX** 33-9-55401110 **france@happy-science.org, www.happyscience-fr.org**
SÃO FRANCISCO (EUA)	525 Clinton St., Redwood City, CA 94062, EUA **TEL./FAX** 1-650-363-2777, **sf@happy-science.org, www.happyscience-sf.org**
SEUL (Coreia do Sul)	162-17 Sadang3-dong, Dongjak-gu, Seoul, Coreia do Sul **TEL.** 82-2-3478-8777 **FAX** 82-2-3478-9777, **korea@happy-science.org**
SYDNEY (Austrália)	Suite 17, 71-77 Penshurst Street, Willoughby, NSW 2068, Austrália **TEL.** 61-2-9967-0766 **FAX** 61-2-9967-0866, **sydney@happy-science.org**
TAIPÉ (Taiwan)	No. 89, Lane 155, Dunhua N. Rd., Songshan District, Cidade de Taipé 105, Taiwan **TEL.** 886-2-2719-9377 **FAX** 886-2-2719-5570, **taiwan@happy-science.org**
TÓQUIO (Japão)	6F 1-6-7 Togoshi, Shinagawa, Tóquio, 142-0041, Japão, **TEL.** 03-6384-5770 **FAX** 03-6384-5776, **tokyo@happy-science.org, www.happy-science.jp**
TORONTO (Canadá)	323 College St. Toronto ON Canadá M5T 1S2 **TEL.** 1-416-901-3747, **toronto@happy-science.org**
VIENA (Áustria)	Zentagasse 40-42/1/1b, 1050, Viena, Áustria/EU **TEL./ FAX** 43-1-9455604, **austria-vienna@happy-science.org**

Outros livros de RYUHO OKAWA

As Leis do Sol
A Gênese e o Plano de Deus

As Leis Douradas
O Caminho para um Despertar Espiritual

As Leis da Eternidade
A Revelação dos Segredos das Dimensões Espirituais do Universo

As Leis da Felicidade
Os Quatro Princípios para uma Vida Bem-Sucedida

As Leis da Salvação
Fé e a Sociedade Futura

As Leis Místicas
Transcendendo as Dimensões Espirituais

As Leis da Imortalidade
O Despertar Espiritual para uma Nova Era Espacial

As Leis do Futuro
Os Sinais da Nova Era

As Leis da Perseverança
Como Romper os Dogmas da Sociedade e Superar as Fases Difíceis da Vida

As Leis da Sabedoria
Faça Seu Diamante Interior Brilhar

A Última Mensagem de Nelson Mandela para o Mundo
Uma Conversa com Madiba Seis Horas Após Sua Morte

A Verdade sobre o Massacre de Nanquim
Revelações de Iris Chang

O Próximo Grande Despertar
Um Renascimento Espiritual

Mensagens de Jesus Cristo
A Ressurreição do Amor

Walt Disney
Os Segredos da Magia que Encanta as Pessoas

Mensagens do Céu
Revelações de Jesus, Buda, Moisés e Maomé para o mundo moderno

Estou bem!
7 Passos para uma Vida Feliz

Mude Sua Vida, Mude o Mundo
Um Guia Espiritual para Viver Agora

THINK BIG – Pense Grande
O Poder para Criar o Seu Futuro

Pensamento Vencedor
Estratégia para Transformar o Fracasso em Sucesso

A Mente Inabalável
Como Superar as Dificuldades da Vida

O Caminho da Felicidade
Torne-se um Anjo na Terra

Manifesto do Partido da Realização da Felicidade
Um Projeto para o Futuro de uma Nação

As Chaves da Felicidade
Os 10 Princípios para Manifestar a Sua Natureza Divina

Ame, Nutra e Perdoe
Um Guia Capaz de Iluminar Sua Vida

O Ponto de Partida da Felicidade
Um Guia Prático e Intuitivo para Descobrir o Amor, a Sabedoria e a Fé

Curando a Si Mesmo
A Verdadeira Relação entre Corpo e Espírito

A Essência de Buda
O Caminho da Iluminação e da Espiritualidade Superior